Impressum
Verlag: BABADADA GmbH, Nedderfeld 112 , 22529 Hamburg
Geschäftsführer / Verlagsleitung: Harald Hof
Druck: Books on Demand GmbH, In de Tarpen 42, 22848 Norderstedt

Imprint
Publisher: BABADADA GmbH, Nedderfeld 112 , 22529 Hamburg, Germany
Managing Director / Publishing direction: Harald Hof
Print: Books on Demand GmbH, In de Tarpen 42, 22848 Norderstedt

училище

sukuu

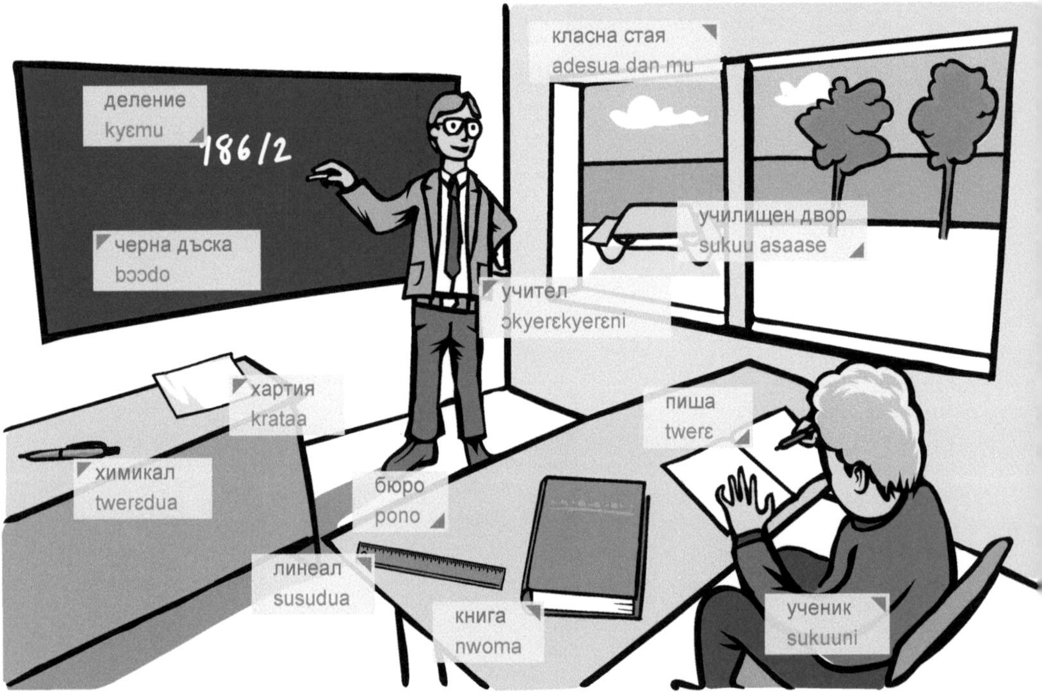
класна стая
adesua dan mu
деление
kyɛmu
186/2
черна дъска
bɔɔdo
училищен двор
sukuu asaase
учител
ɔkyerɛkyerɛni
хартия
krataa
пиша
twerɛ
химикал
twerɛdua
бюро
pono
линеал
susudua
книга
nwoma
ученик
sukuuni

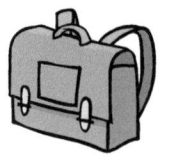

ученическа раница

baage

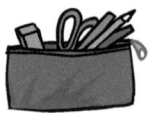

ученически несесер

adeɛ wɔde twerɛdua hyɛ mu

молив

twerɛdua

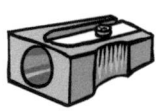

острилка за моливи

adea wɔde sensene twerɛdua ano

гума

rɔba

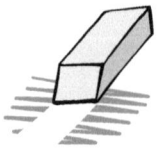

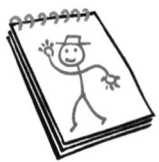

блок за рисуване

drɔɔwin nkrataa

рисунка

drɔɔwin

четка

adeɛ a wɔde bɔ akaadoo
mu

акварелни бои

akaadoo adaka

ножица

apasoɔ

лепило

aduro a wɔde sɔ nnooma bɔ
mu

тетрадка за упражнения

krataa wɔyɛ dwumadie wɔ
mu

домашна работа

efie adwuma

число

nɔma

събиране

ka bom

изваждане

te frim

умножение

fabaho

смятане

bo ho nkonta

буква

atwerɛdeɛ

азбука

atwerɛdeɛ

дума

asɛm

текст

atwerɛ

чета

kan

тебешир

chalk

час

adesua

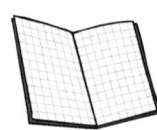

дневник на класа

krataa a din ahodoɔ wɔ mu

изпит

nsɔhwɛ

свидетелство

nimdeɛ krataa

ученическа униформа

sukuu ataadeɛ

образование

adesua

справочник

encyclopedia

университет

suapon kɛseɛ

микроскоп

afidie a wɔde hwɛ adeɛ
aniwa ntumi nhunu

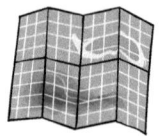

карта

asaase mfonin a ɛwɔ krataa
so

кошче за хартиени
отпадъци

kɛntɛn a wɔde krataa na ayɛ
a wɔde nwura gu mu

пътуване
akwantuo

хотел
ahomegyebea
Grand
хостел
atenaeɛ
ROOMS
обменно бюро
baabi aa yɛsesa
EXCHANGE
куфар
baage a wɔde nnoɔma gu mu
кола
kaa

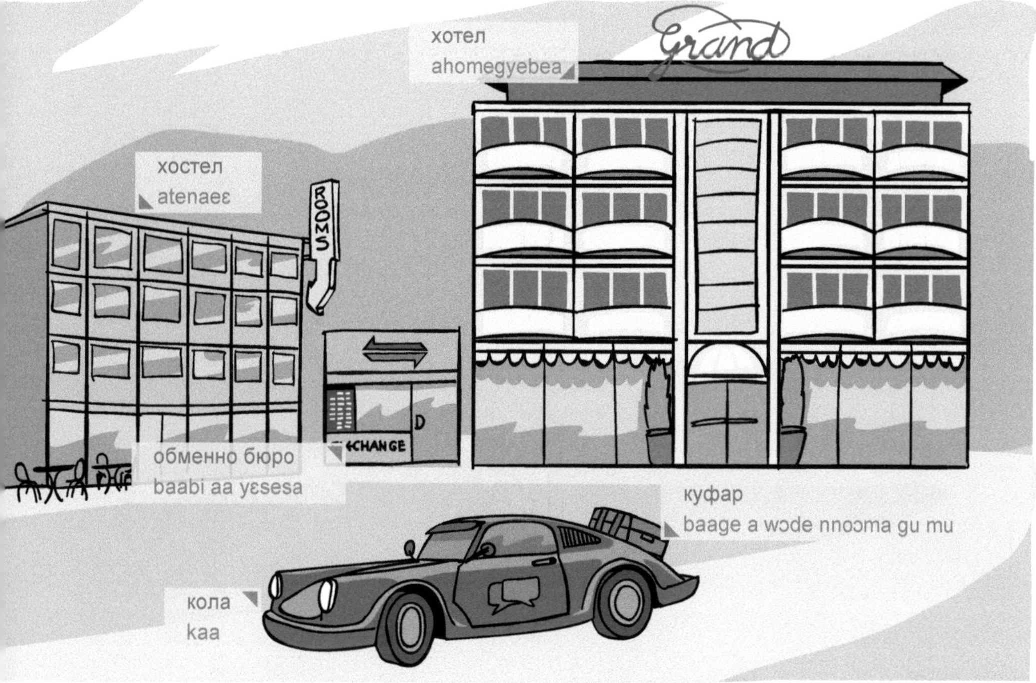

език
kasa

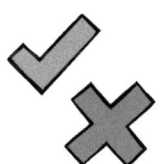

да / не
aane / daabi

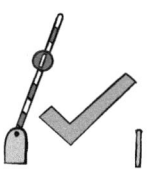

Окей
Yoo

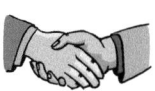

здравей
hɛlo

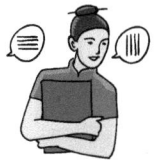

преводач
deɛ wɔkyerɛkyerɛ kasa ase

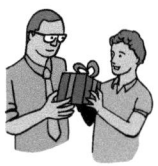

Благодаря
Medaase

Колко струва...?

... εγε sεn?

Не разбирам

Menteaseε

проблем

ɔhaw

Добър вечер!

Maadwo!

Добро утро!

Maakye!

Лека нощ!

Da yie!

довиждане

nante yie

посока

akwankyerε

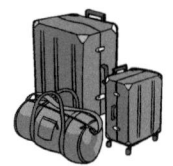

багаж

nnooma a wɔde tu kwan

пътна чанта

kɔtɔkuo

раница

baage a yεde bɔ yakyi

посетител

ɔhɔhoɔ

стая

danmu

спален чувал

bag a yεda mu

палатка

ntomadan

туристическа информация

adesrafoɔ nsɛm

плаж

po ano

кредитна карта

krɛdit kaade

закуска

anɔpa aduane

обед

awia aduane

вечеря

anwumerɛ aduane

билет

tikiti

асансьор

pagya

пощенска марка

agyinahyɛdeɛ

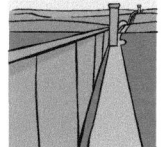

граница

ɛhyeɛ

митница

adwumayɛfoɔ a wɔgyina
aman mmienu hyeɛ so

посолство

ɔman bi asoeɛ

виза

akwantuo krataa

паспорт

akwantuo krataa

транспорт

ɛhyɛn

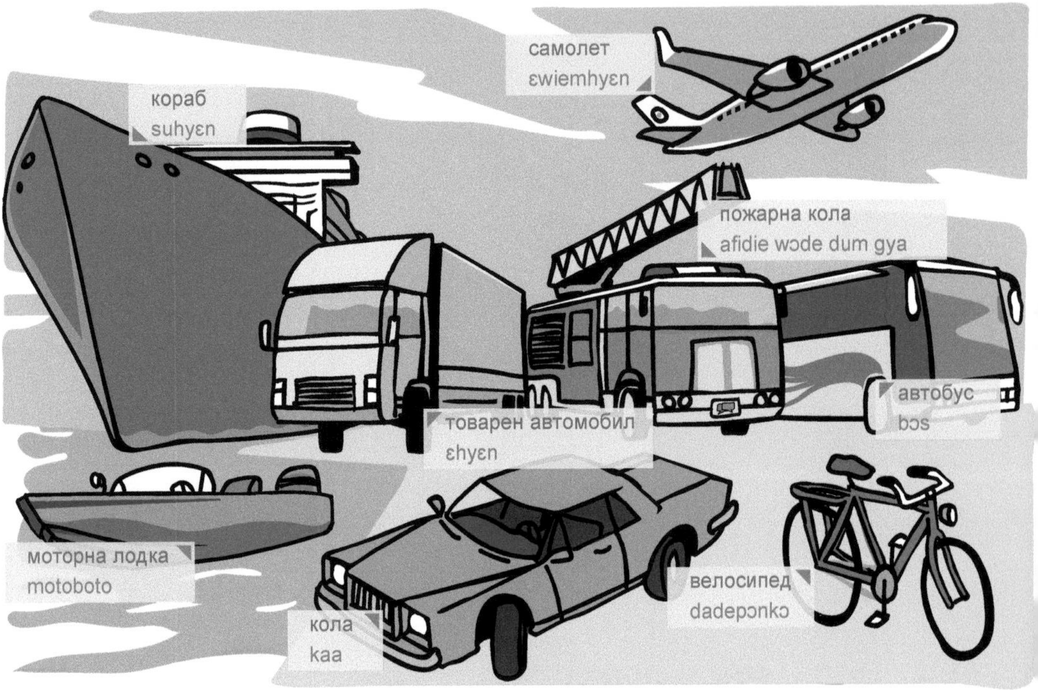
самолет
ɛwiemhyɛn
кораб
suhyɛn
пожарна кола
afidie wɔde dum gya
автобус
bɔs
товарен автомобил
ɛhyɛn
моторна лодка
motoboto
велосипед
dadepɔnkɔ
кола
kaa

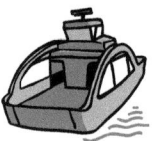

ферибот

subonto

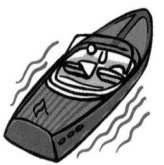

лодка

suhyɛn

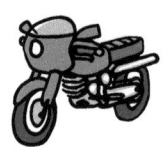

мотоциклет

dadepɔnkɔ

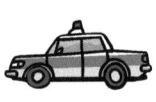

полицейска кола

apolisifoɔ kaa

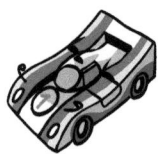

състезателна кола

kaa a wɔde si akan

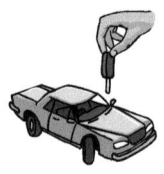

кола под наем

hyɛn aa yɛ hain

каршеринг

kaa a wɔde ma obi de di dwuma

автомобил от "Пътна помощ"

kaa a wɔde twe ɛhyɛn a asɛe

сметовоз

bɔɔla kaa

двигател

moto

бензин

ngo

бензиностанция

beaɛ a wɔtɔn pɛtro

пътен знак

trafik ahyɛnsodeɛ

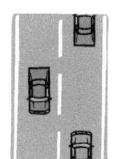

улично движение

trafik

задръстване

ɛhyɛn ntumi nkɔ ntɛm

паркинг

kaa gyinabea

гара

keteke steshin

релси

ketekye kwan

влак

ketekye

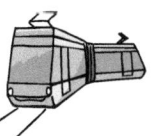

трамвай

ketekye

вагон

afidie a wɔtena mu wɔ wiem tu kwan

хеликоптер

ewiemhyɛn

аерогара

dadeɛanoma gyinabea

кула

dan tentene

пасажер

obi a wɔforo hyɛn

контейнер

adaka

кашон

adaka

ръчна количка

teaseɛnam

кошница

kɛntɛn

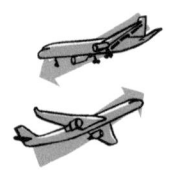

излитам / приземявам се

tu / si fam

град

kuropɔn

село

akurase

градски център

kuropɔn hyiabea

къща

efie

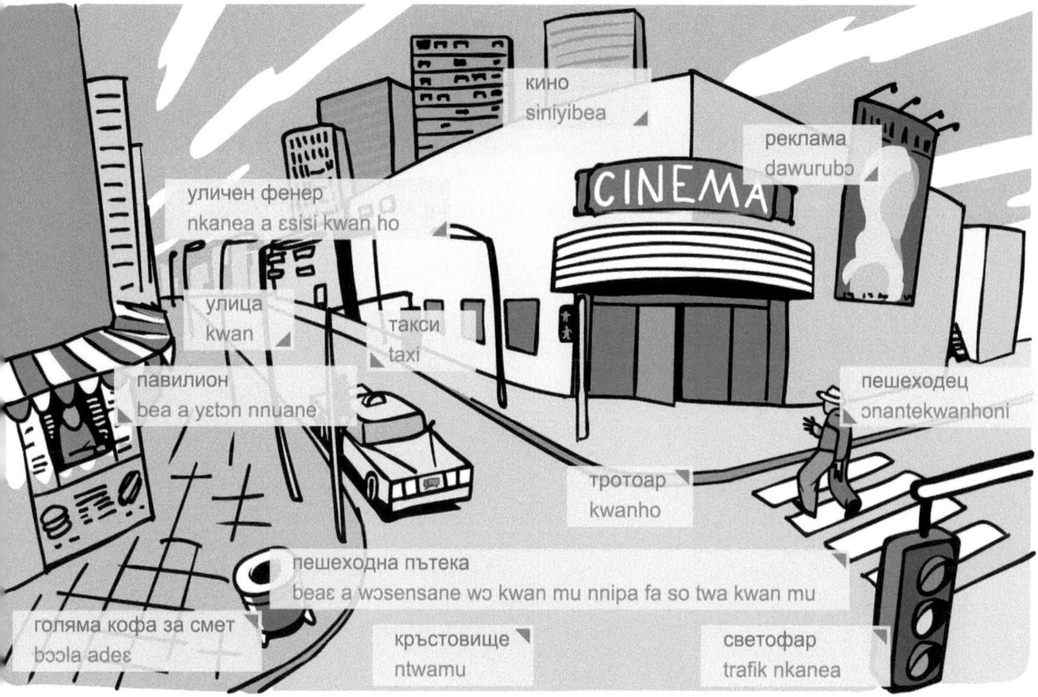

кино
siniyibea

реклама
dawurubɔ

уличен фенер
nkanea a ɛsisi kwan ho

CINEMA

улица
kwan

такси
taxi

павилион
bea a yɛtɔn nnuane

пешеходец
ɔnantekwanhoni

тротоар
kwanho

пешеходна пътека
beaɛ a wɔsensane wɔ kwan mu nnipa fa so twa kwan mu

голяма кофа за смет
bɔɔla adeɛ

кръстовище
ntwamu

светофар
trafik nkanea

хижа

ntaabodan

жилище

tenabea

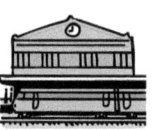

гара

keteke steshin

кметство

kurom nhyiadanmu

музей

mesiɔm

училище

sukuu

университет

suapon kɛseɛ

банка

sikakorabea

болница

asopiti

хотел

ahomegyebea

аптека

beaɛ a wɔtɔn nnuro

офис

ɔfise

книжарница

beaɛ a wɔtɔn nwoma

магазин за цветя

beaɛ a wɔtɔn adeɛ

магазин за цветя

nhwiren kuani

супермаркет

dwakɛseɛmu

пазар

dwamu

универсален магазин

ɔɔtoɔ sotoɔ

търговец на риба

nnam tɔnfo

търговски център

adetɔ beae

пристанище

suhyɛn gyinabea

парк

agodibea

пейка

akonnwa

мост

nsamsɔɔ

стълба

adeε wɔee foro aborosan

метро

asaasease

тунел

tɔkuro a w'atu no asaase
mu de ayε kwan

автобусна спирка

εhyεn gyinabea

бар

nsanombea

ресторант

adidibea

пощенска кутия

krataa adaka

улична табелка

kwan ahyεnsodeε

часовник за паркинг
престой

kaagyinaho meta

зоологическа градина

mmoakurabea

плувен басейн

nsuo a wɔdware mu

джамия

masalakyi

селски двор

afuo

замърсяване на околната среда

ewiem sɛeɛ

гробище

nsamanpɔ mu

църква

asore

детска площадка

agodibea

храм

hyiadan

пейзаж

asaase

листо
ahaban

пътепоказател
akyerɛkyerɛkwan

път
kwan

ливада
sare asaase

камък
boba

дърво
dua

пътешественик
pipo so foronii

река
asubontene

трева
nsensan

цвете
nhwiren

долина

εbɔn

планина

bepɔ

море

sutadeε

гора

kwaeε

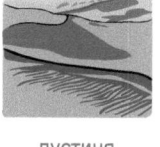

пустиня

εserε so

вулкан

egya a εfiri bepɔ mu ba

замък

ahenfie

дъга

nyankontɔn

гъба

mmire

палма

abεdua

комар

ntontom

муха

wasena

мравка

ntatea

пчела

wowa

паяк

ananse

бръмбар

kukurubibi

жаба

apɔnkyerɛnee

катеричка

opuro

таралеж

kotoko

заек

adanko

кукумявка

patuo

птица

anomaa

лебед

dabodabo

диво прасе

kɔkɔte

елен

wansane

лос

torɔm

бент

sutadeɛ

вятърна турбина

mframa tɛɛbain

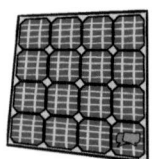

соларен модул

adeɛ ɛtwe anyinam ahoden
firi awia mu

климат

ewiem

ресторант
adidibea

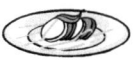

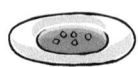

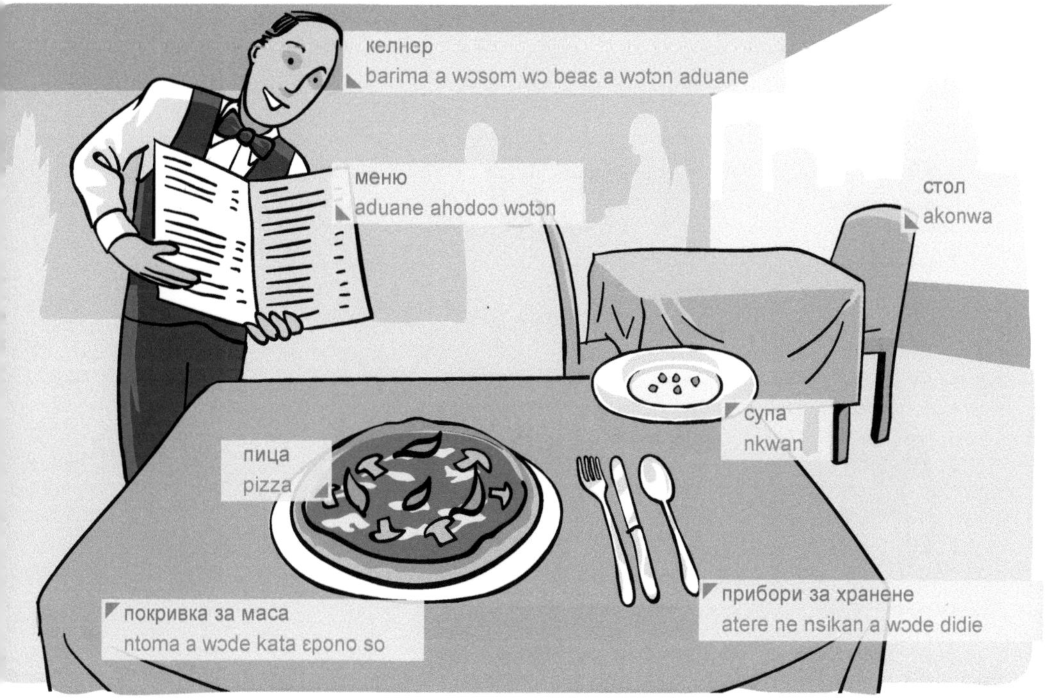

келнер
barima a wɔsom wɔ beaɛ a wɔtɔn aduane
меню
aduane ahodoɔ wɔtɔn
стол
akonwa
супа
nkwan
пица
pizza
покривка за маса
ntoma a wɔde kata ɛpono so
прибори за хранене
atere ne nsikan a wɔde didie

предястие

ahyɛaseɛ

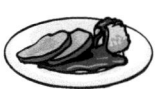

основно ястие

aduane titriw

десерт

nnɔkonnɔkwade

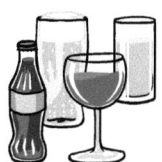

напитки

nsa

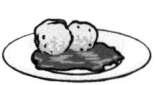

ядене

aduane

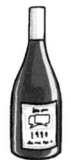

бутилка

toa

бързо хранене

aduane wɔyɛ no ɔhare so

улична храна

aduana a ɛyɛ kwan ho

кана за чай

tea kukuo

кутия за захар

asikyire kyɛnsen

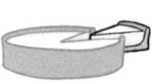

порция

fa

еспресо машина

espresso afidie

висок детски стол

akonwa tenten

сметка

ka krataa

табла

apanpan

ножица за нокти

sikanmoa

вилица

adinam

лъжица

atere

чаена лъжичка

tea atere

салфетка

ntoma a wɔde sɛ pono so

стъклена чаша

ahwehwɛ

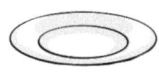

чиния

plεεte

чиния за супа

nkwan plεεte

чинийка

plεte ketewa

сос

frɔyε

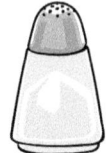

солница

nkyene kukuo

мелничка за черен пипер

adeε a wɔde twi mako

оцет

vinegar

олио

anwa

подправки

atosodeε

кетчуп

ketchup

горчица

sinapi aba

майонеза

mayonis

супермаркет

dwakɛseɛmu

оферта
akwanya soronko
FOR
клиент
obi a wɔtɔ wadeɛ
млечни продукти
milikyi nnuane
плодове
nnuaba
tɔ adeɛ pia berɛ a wɔretɔ adeɛ

BUTCHERS

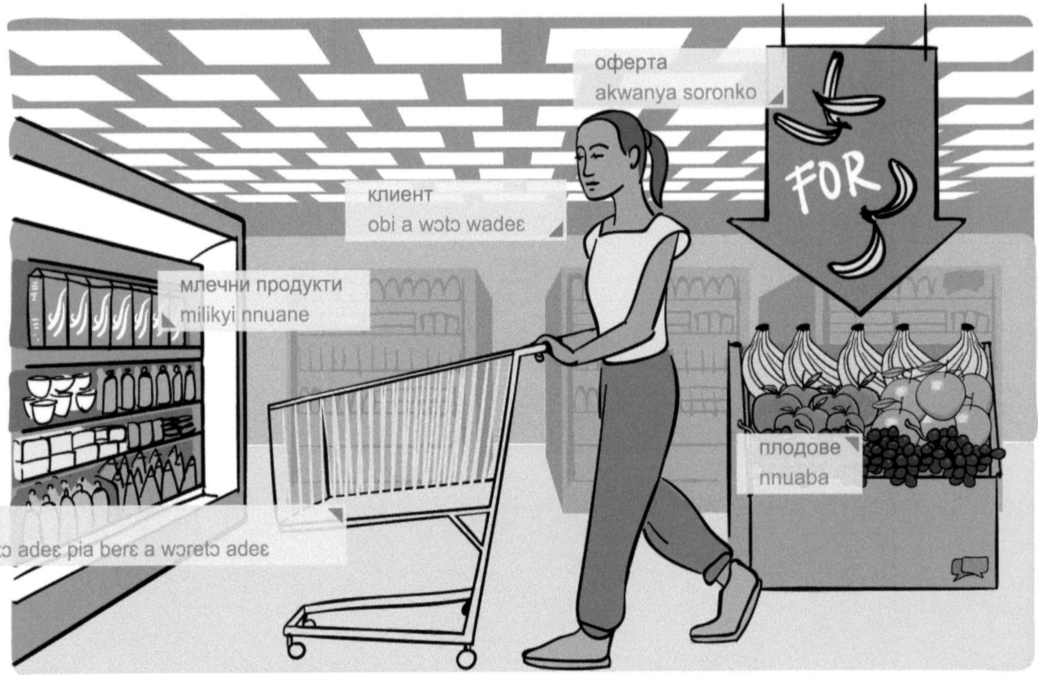

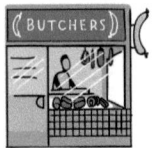

кланица

nnamtwafo

BAKERY

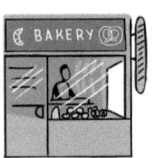

хлебарница

brodotofo

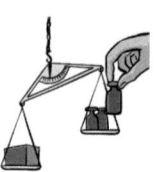

тегля

susu

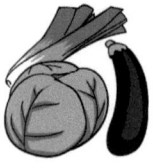

зеленчуци

atosodeɛ

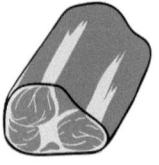

месо

nnam

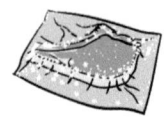

дълбоко замразена храна

aduane a wɔde ahyɛ sukɔtwea adaka mu

нарязан колбас или сирене
nnam a yɛy nwunu

консерви
nnuane a ɛwɔ konku mu

перилен препарат
aduro a wɔde si nnɔɔma

лакомства
adɔkɔkɔdɔkɔdeɛ

домакински изделия
efie nnɔɔma

почистващи препарати
nnuro a wɔde hohoro nnɔɔma ho

продавачка
adetɔni

каса
adeɛ a wɔgye sika de gu mu

касиер
obi a wɔhwɛ sika so

списък на покупките
nnɔɔma a wobɛtɔ

работно време
mmerɛ a ɔmo de bue

портфейл
kotokuo

кредитна карта
krɛdit kaade

чанта
bɔtɔ

пластмасова торба
rɔba bɔtɔ

вода

nsuo

сок

aduaba mu nsuo

мляко

milikyi

кола

coke

вино

nsa

бира

beer

алкохол

nsaden

какао

kookoo

чай

tea

кафе машина

kɔfe

еспресо

espresso

капучино

cappuccino

банан

kwadu

ябълка

aprɛ

портокал

akutuo

пъпеш

mɛlɔn

лимон

akutuo

морков

karɔt

чесън

galeke

бамбук

mpampuro

лук

gyeene

гъба

mmire

ядки

nkateɛ

макарони

talia

спагети

talia

ориз

ɛmo

салата

salad

пържени картофи

kyips

печени картофи

aborodwomaa w'akye

пица

pizza

хамбургер

hamburger

сандвич

sandwich

шницел

ntwetwade

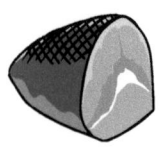

шунка

prɛko nam

траен колбас

salami

салам

sɔsegye

пиле

akokɔnam

печено

toto

риба

nsuomunam

овесени ядки

oats koko

мюсли

muesli

корнфлейкс

cornflakes

брашно

esam

кроасан

croissant

хлебчета

brodo a yabobɔ

хляб

brodo

препечена филийка

ho

бисквити

biskit

масло

bɔta

извара

koko

сладкиш

ɔfam

яйце

kosua

яйца на очи

kosua a yakye

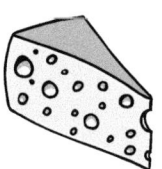

сирене

kyeese

сладолед

ise krim

захар

asikyire

мед

ɛwoɔ

мармалад

ɛam

нуга крем

kyɔkolate a wɔde yɛ aduane mu

къри

kɔri

селски двор
afuo

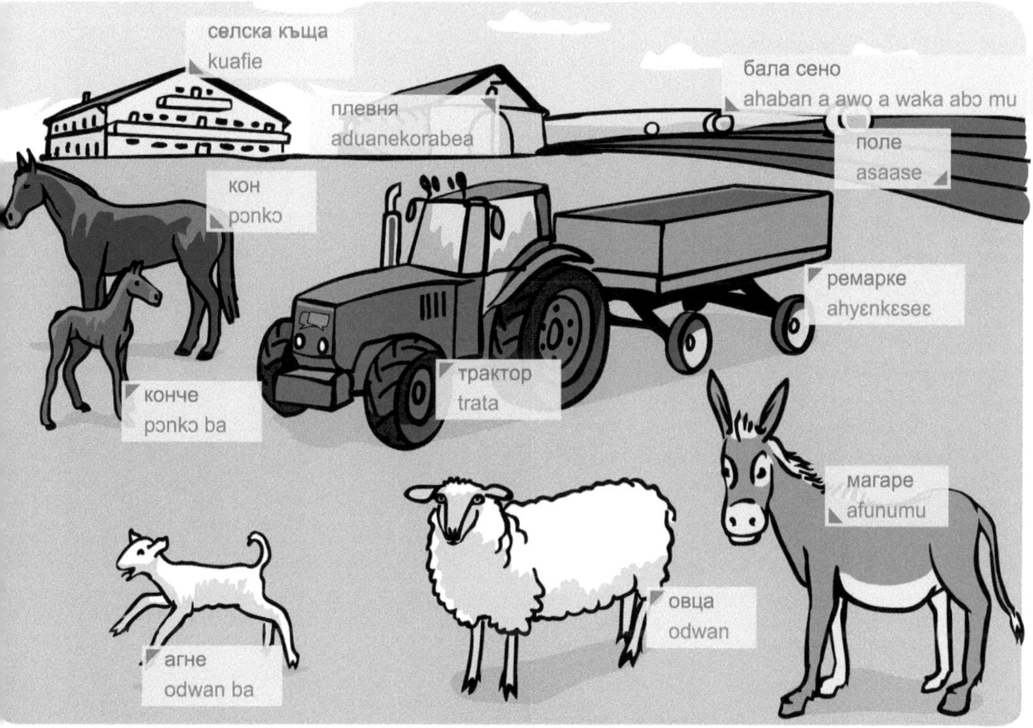
селска къща
kuafie
плевня
aduanekorabea
бала сено
ahaban a awo a waka abɔ mu
поле
asaase
кон
pɔnkɔ
ремарке
ahyɛnkɛseɛ
кончe
pɔnkɔ ba
трактор
trata
магаре
afunumu
овца
odwan
агне
odwan ba

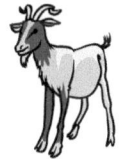

коза
apɔnkye

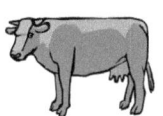

крава
nantwie

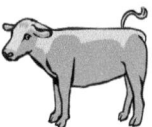

теле
nantwie ba

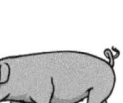

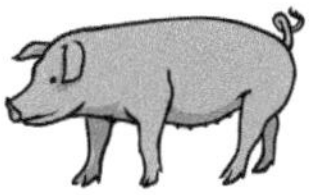
свиня
prɛko

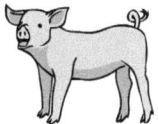

прасенце
prɛko ba

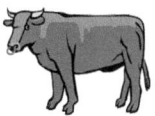

бик
nantwinini

гъска

dabodabo

патица

dabodabo

пиленце

akokɔba

кокошка

akokɔbedeɛ

петел

akokɔnini

плъх

akura

котка

agyinamoa

мишка

akura

вол

nantwi

куче

ɔkraman

кучешка колиба

kramanfie

градински маркуч

drobɛn a wɔde nsuo fa mu
gugu nnɔɔma so

лейка

toa wɔde nsuo gu mu de
gugu nnɔɔma so

коса

kantankrankyi

плуг

afidie a wɔde funtum
asaase ani

сърп

sɔsɔwa

мотика

asɔ

вила за тор

fɔɔki kɛseɛ

брадва

akuma

ръчна количка

hweebaro

корито

adea mmoa didi mu

съд за мляко

milikyi konku

чувал

kotoku

ограда

ɛban

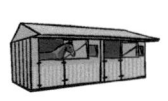

обор

mmoa dan

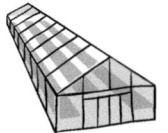

парник

nnuaba dan mu

земя

anwea

сеитба

aba

тор

nnuro a wɔde gu mfudeɛ ho

комбайн

nnuanetwa kaa kɛse

жъна

twa

реколта

mfudeɛ

ямс

bayerɛ

жито

ayuo

соя

soya

картоф

aborɔdwomaa

царевица

aburo

рапица

rapedua aba

овощно дърво

aduaba dua

маниока

bankye

зърнени храни

aburo aduane

комин
ɛdan a wisie firi n'apampam ba

покрив
ɛdan mmɔsoɔ

улук
drobɛn a nsuo fa mu

прозорец
mpoma

гараж
ɛdan a wɔkora kɛ

звънец
adɔma a ɛsɛn ɛpono ano

врата
ɛpono

кофа за боклук
adeɛ a wɔde bɔɔla gu mu

пощенска кутия
krataa adaka

градина
turo

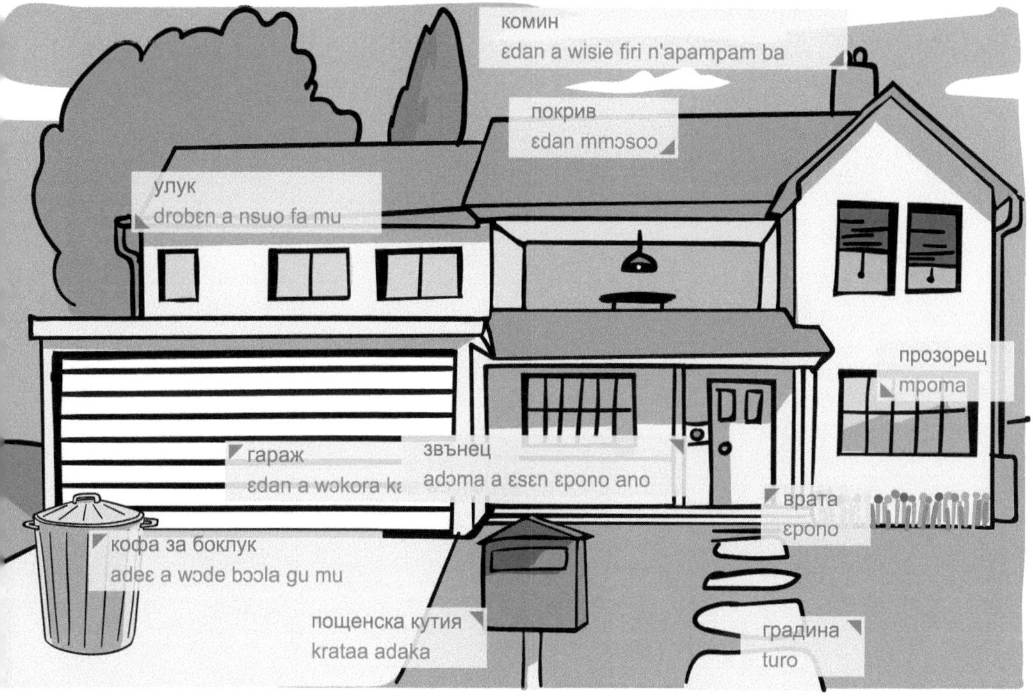

всекидневна

ɛdan a wɔtena mu

баня

adwareɛ

кухня

gyaade

спалня

piam

детска стая

abɔfra dan mu

трапезария

ɛdan a wɔdidi wɔ mu

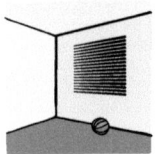

под

fam

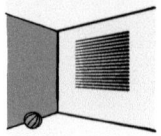

стена

ɛban

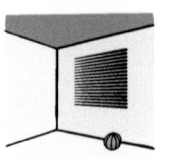

таван

siilin

изба

ɛdan a ɛhyɛ fam

сауна

beaɛ a wɔkɔto hyew

балкон

pɔɔkye

тераса

asaase a wafuntum na
wɔde dua nnɔbaeɛ

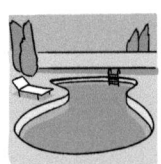

плувен басейн

nsuo a wɔdware mu

косачка

afidie a wɔde dɔ

спално бельо

krataa

покривка за легло

nnasoɔ

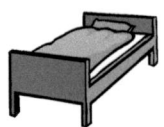

легло

mpa

метла

praeɛ

кофа

bɔkiti

електрически ключ

deɛ wɔde sɔ kanea

всекидневна

ɛdan a wɔtena mu

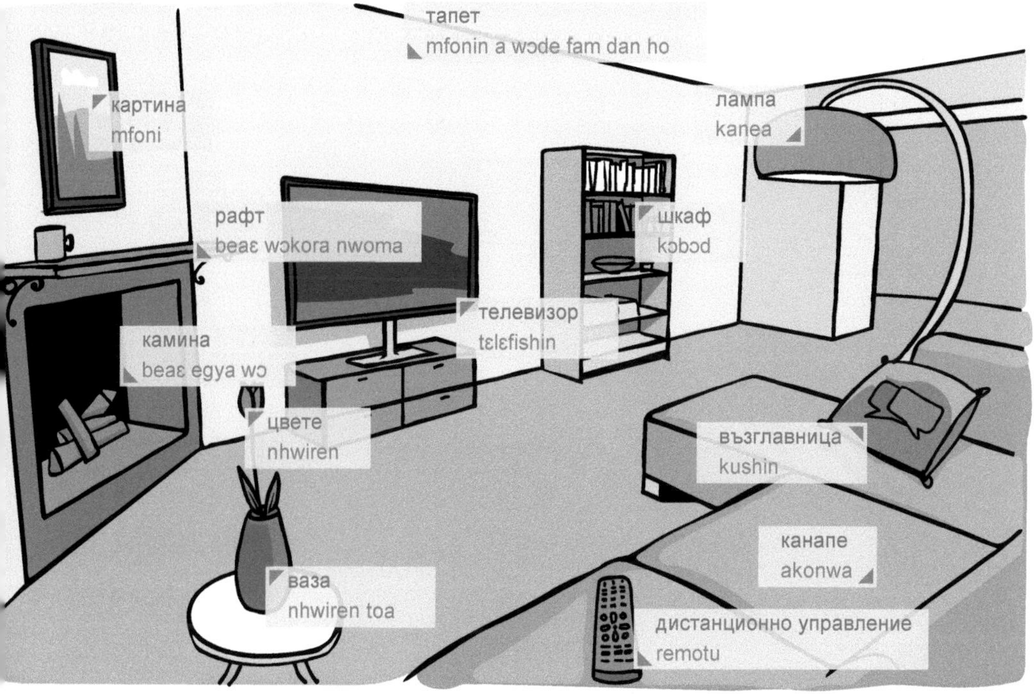

тапет
mfonin a wɔde fam dan ho
картина
mfoni
лампа
kanea
рафт
beaɛ wɔkora nwoma
шкаф
kɔbɔd
телевизор
tɛlɛfishin
камина
beaɛ egya wɔ
цвете
nhwiren
възглавница
kushin
канапе
akonwa
ваза
nhwiren toa
дистанционно управление
remotu

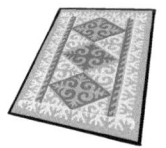

килим

kapɛt

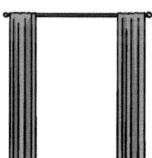

завеса

kɛtin

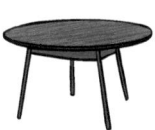

маса

pono

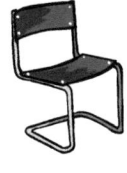

стол

akonwa

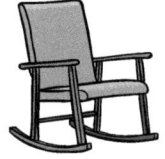

люлеещ се стол

akonwa aa ɛkɔ anim ne akyi

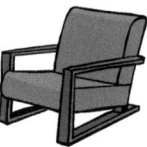

кресло

nsaakonwa

книга

nwoma

одеяло

kuntu

декорация

beaɛ asiesie

дърва за отопление

egya

филм

mfoni

стерео уредба

hi-fi afidie

ключ

safoa

вестник

dawurubɔ krataa

живопис

akaado

постер

mfoni

радио

akasanoma

бележник

nwoma a wɔtwerɛ nsɛmpɔ gu mu

прахосмукачка

afidie a wɔde pra mfuturo

кактус

cactus

свещ

kandele

кухня
gyaade

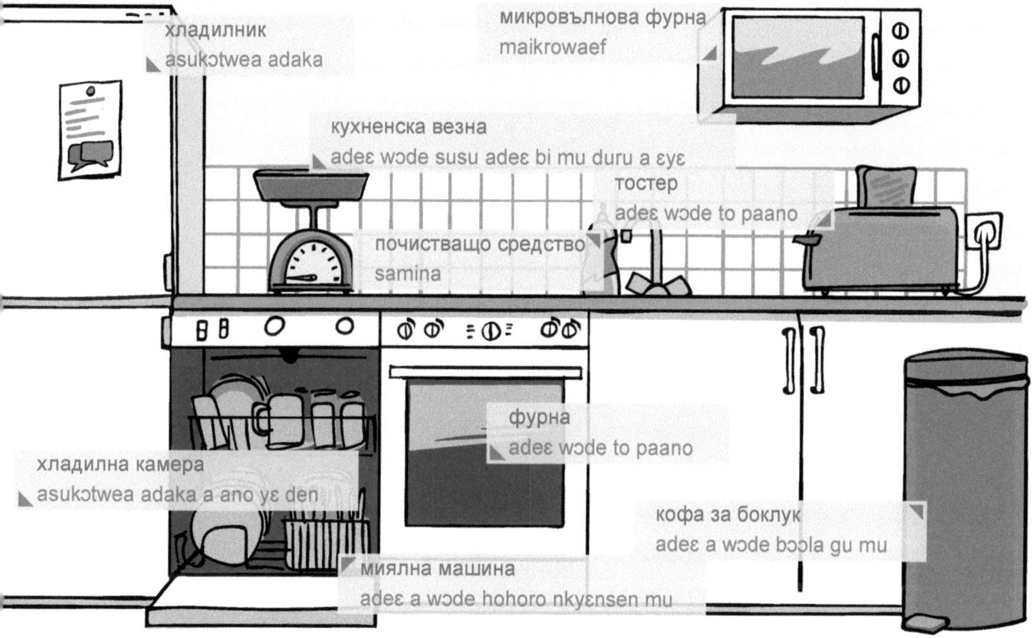
хладилник
asukɔtwea adaka
микровълнова фурна
maikrowaef
кухненска везна
adeɛ wɔde susu adeɛ bi mu duru a ɛyɛ
тостер
adeɛ wɔde to paano
почистващо средство
samina
фурна
adeɛ wɔde to paano
хладилна камера
asukɔtwea adaka a ano yɛ den
кофа за боклук
adeɛ a wɔde bɔɔla gu mu
миялна машина
adeɛ a wɔde hohoro nkyɛnsen mu

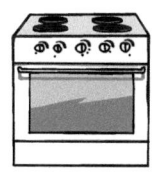

готварска печка
adeɛ a wɔde noa aduane

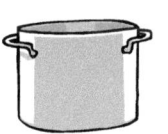

тенджера
kukuo

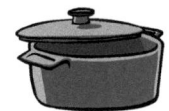

желязна тенджера
dadesɛn

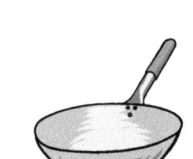

уок / кадаи
wok / kadai

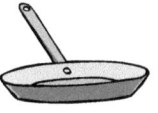

тиган
pan

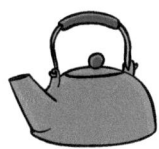

кана за затопляне на вода
adeɛ wɔde noa nsuo

уред за готвене на пара

nea yɛde ka aduane hye

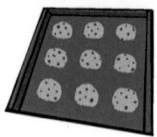

тава за печене

adeɛ wɔto so paano

съдове

nkyɛnsen a wɔdidi mu

чаша

kuruwa

купа

kyɛnsen

клечки за хранене

nnua a wɔde didie

черпак

kwantere

лопатка за тиган

atere

тел за разбиване (на яйца, белтъци)

adeɛ wɔde nu adeɛ mu

кошница за варене

sɔneɛ

гевгир

sɔneɛ

ренде

adeɛ a wɔde twi adeɛ

хаван

waduro

барбекю

adeɛ a wɔde toto nam

огнище

egya a biribiara mmɔ ho ban

дъска

adeɛ a wɔtwitwa so nnooma

точилка

adea wɔde twi nnooma

тирбушон

adeɛ a wɔde tu toa ano

кутия

konku

отварачка за консерви

adeɛ wɔde bie konku so

кухненска ръкохватка

nea yɛde sɔ kukuo mu

мивка

adeɛ a wɔhohoro nkyɛnse
wɔ mu

четка

adeɛ a wɔde twitwi

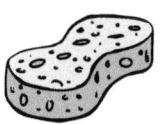

гъба

sapɔ

миксер

afidie wɔde yam nnuane

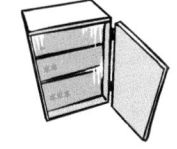

фризер

asukɔtwea adaka a ano yɛ
den

бебешко шише

abɔfra toa

воден кран

nsuo

баня

adwareɛ

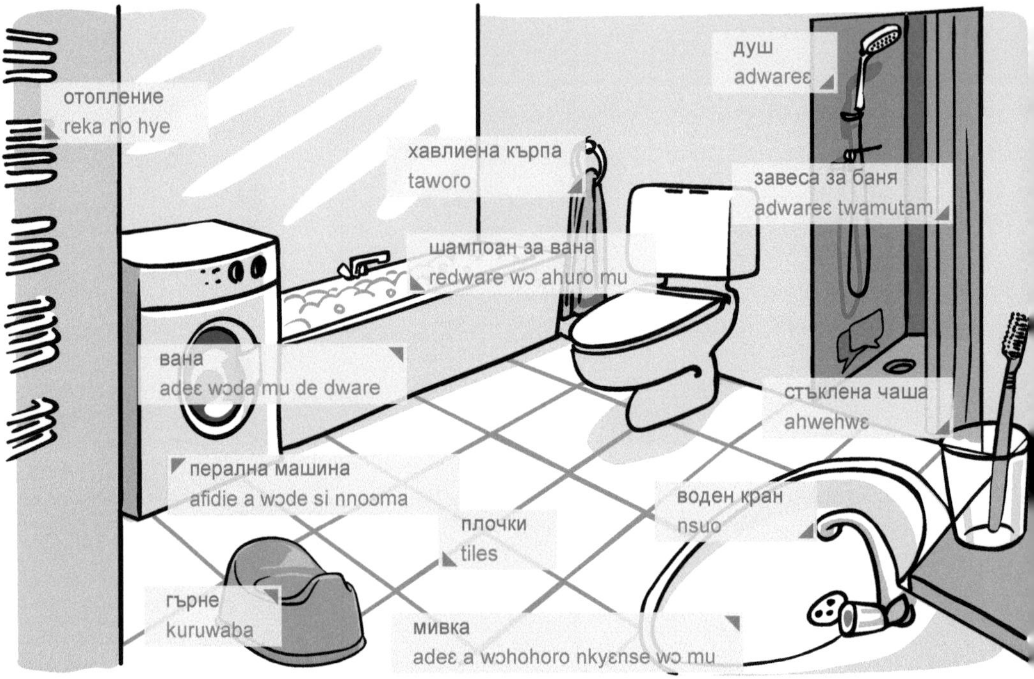

отопление
reka no hye
хавлиена кърпа
taworo
душ
adwareɛ
завеса за баня
adwareɛ twamutam
шампоан за вана
redware wɔ ahuro mu
вана
adeɛ wɔda mu de dware
стъклена чаша
ahwehwɛ
перална машина
afidie a wɔde si nnoɔma
воден кран
nsuo
плочки
tiles
гърне
kuruwaba
мивка
adeɛ a wɔhohoro nkyɛnse wɔ mu

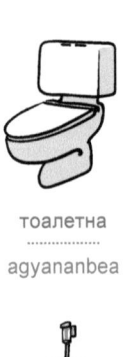

тоалетна
agyananbea

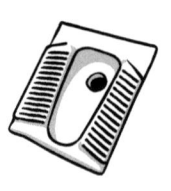

клекало
agyananbea a wɔkotoso

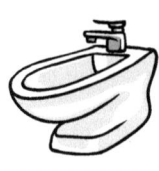

биде
bidet

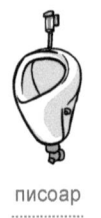

писоар
dwonsɔbea

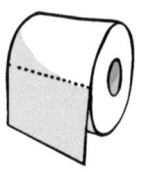

тоалетна хартия
tiafi krataa

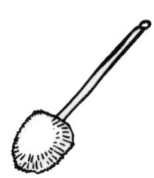

четка за тоалетна
adeɛ a wɔde twitwi agyanbea

четка за зъби

adeɛ wɔde twitwiri ɛse

паста за зъби

aduro wɔde twitwiri ɛse

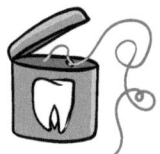

конец за зъби

adeɛ wɔde yiyi ɛse ntam

мия

si

ръчен душ

adeɛ wɔsɔ mu de dware

интимен душ

adeɛ nsuo fa mu na wɔde hohoro mmaa ase

леген

adeɛ wɔsi nnooma wɔ mu

четка за гръб

adeɛ wɔde twitwi yakyi

сапун

samina

душ гел

adwareɛ samina

шампоан за вана

deɛ wɔde hohoro tirinwii mu

гъба за баня

ntoma wɔde asaawa na ayɛ

сифон

nsuokwan

крем

nkuu

дезодорант

aduro a wɔde fa mmɔtoamu

огледало

ahwehwɛ

козметично огледало

ahwehwɛ kumaa

ръчна самобръсначка

yiwan

пяна за бръснене

aduro a wɔde yi

одеколон за след бръснене

aduro a wɔde sera beaɛ wayi

гребен

afe

четка

brɔsh

сешоар

afidie a wɔde ka nwii ma no wo

спрей за коса

adeɛ wɔde aduro gu mu de gu nwii so

грим

adeɛ wɔde yɛn won anim

червило

adeɛ wɔde keka ano

лак за нокти

aduro a wɔde ka mmɔwerɛ so

памук

asaawa

ножица за нокти

apasoɔ a wɔde twitwa mmɔwerɛ

парфюм

aduham

тоалетна чантичка

baage a wɔde nnɔɔma gu
mu wɔ adwareɛ

табуретка

akonwa

везна

afidie a wɔde susu adeɛ bi
mu duro

хавлия

ataadeɛ wɔhyɛ berɛ a
wɔrekɔdware

домакински ръкавици

adeɛ wɔde hyɛ wɔn nsa a
wɔde rɔba na ayɛ

тампон

adeɛ wɔde twe nsuo firi
pirakuro mu

дамски превръзки

deɛ mmaa de siesie wɔn ho
berɛ wɔn abu wɔn nsa

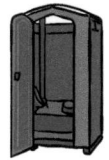

химическа тоалетна

agyananbea a wɔde nnuro
kora

детска стая

abɔfra dan mu

будилник
berɛkyerɛfoɔ a ɛtumi yɛ dede
плюшена играчка
agodiaba a wɔde to wɔn nkyɛn da
автомобил играчка
kaa agodiaba
дрънкалка
akasaa
къща за кукли
beaɛ a wɔtɔn agodiaba pii
подарък
akyedeɛ

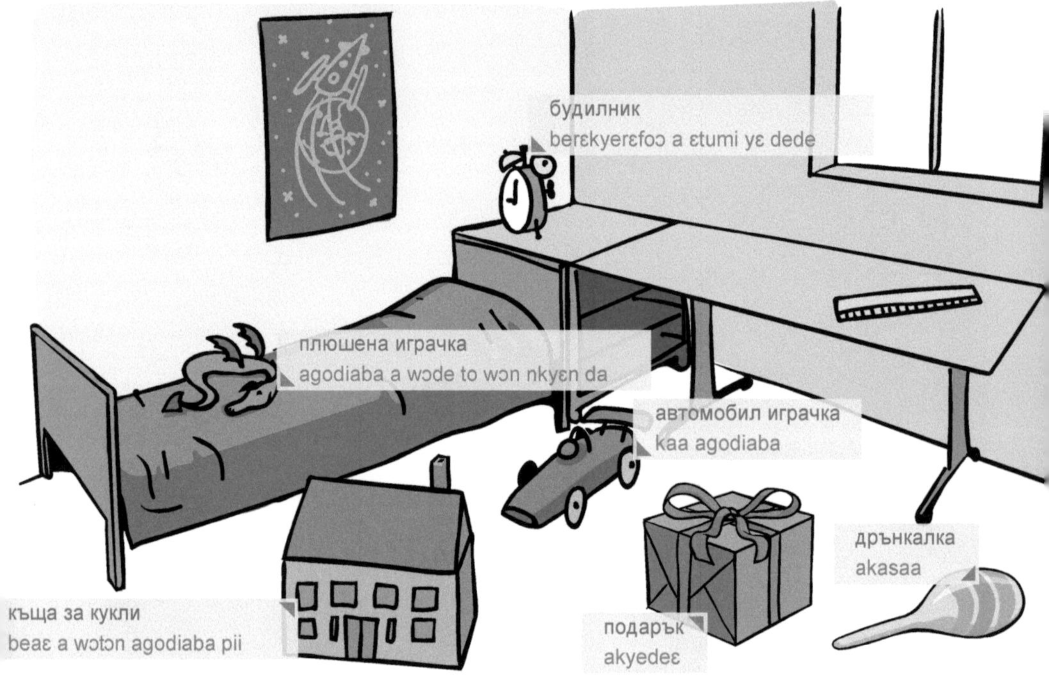

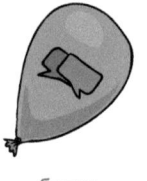

балон

baluu

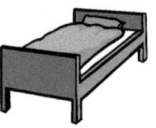

легло

mpa

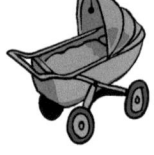

детска количка

adeɛ a wɔde mmɔfra to mu pia wɔn

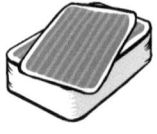

игра на карти

nkrataa a ɛhyɛ adaka mu

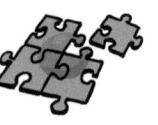

пъзел

mfonin asiniasini a wɔkeka si ani hyehyɛ

SUPER MEGA

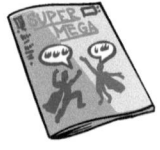

комикс

mmɔfra aseresɛm nwoma

лего елементи

lego bricks

строителни елементи

bloks a wode si dan

екшън фигурка

mmɔfra agodiaba

бебешки гащеризон

mmɔfra ataade a wɔayɛ abɔ mu

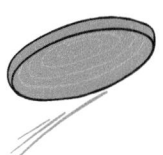

фрисби

frisbee

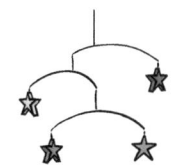

бебешки играчки за легло

agodiaba a wode sensɛne mmɔfra mpa so

настолна игра

agorɔ a ɛwɔ pono so

зарче

ludu aba

миниатюрно влакче

ketekye ketewa

биберон

adeɛ a wode hyɛ mmɔfra anumu

парти

apontoɔ

детска книга с илюстрации

krataa mfonin wɔ mu

топка

bɔɔlo

кукла

agodiaba

играя

di agorɔ

пясъчник

adeɛ wɔde anwea agu mu a
mmɔfra di mu agorɔ

люлка

adonko

играчка

agodiaba

игрова конзола

afidie abɛɛfo agodie wɔ so a
wɔbɔ

велосипед с три колелета

dadepɔnkɔ a ne nan yɛ
mmiensa

плюшено мече

sisire agodiaba

гардероб

wɔdrop

облекло

ataadeɛ

къси чорапи

adeɛ a wɔhyɛ ansa na
wahyɛ mpaboa

дълги чорапи

ataade tenten a wɔhyɛ wɔ
wɔn nan ho

чорапогащник

ataadeɛ a ɛkyekyere deɛ
wahyɛ no

шал
duku

чадър
kyiniɛ

колан
abɔɔmu

Т-шърт
atadeɛ

ботуши
mpaboa

пантофи
mpaboa

гуменки
mpaboa

сандали
mpaboa

обувки
mpaboa

гумени ботуши
rɔba mpaboa

слип
drɔs

сутиен
adeɛ mmaa hyɛ de kora
wɔn nufu

долна блуза
fɛst

облекло - ataadeɛ   45

боди

nipadua

панталон

trɔsa

дънки

gyins

пола

skɛɛte

блуза

mmaa ataade soro

риза

ataadesoro

пуловер

swata

суичър

ataadeɛ a ɛkyɛ wɔ mu

блейзър

kootu

яке

ataade ngusoɔ

палто

kootu

дъждобран

ataadeɛ wɔhyɛ berɛ nsuo retɔ

костюм

ataadehyɛ

рокля

ataadeɛ

булчинска рокля

ayifrɔ atadeɛ

костюм

ataade nkatasoɔ

нощница

ataadeɛ a yɛhyɛ de da

пижама

pigyamas

сари

sari

кърпа за глава

duku

тюрбан

duku

бурка

ataadeɛ Nkramofoɔ mmaa
hyɛ na ɛkata wɔn tiri so de
kɔsi wɔn naɲ ase

кафтан

kaftan

абая

abaya

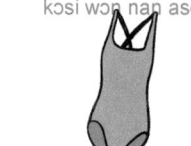

бански костюм

ataadeɛ a wɔhyɛ de dware
nsuo mu

плувни шорти

nika

къс панталон

nika

анцуг

traksuit

престилка

ntoma a wɔde kata wɔn
kɔnmu berɛ wɔreyɛ aduane

ръкавици

adeɛ wɔde hyɛ wɔn nsa

копче

batin

очила

ahwehwɛniwa

гривна

adeɛ wɔde to wɔn nsa

верижка

kɔnmuade

пръстен

kawa

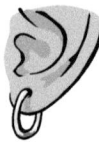

обеца

asomadeɛ

каскет

ɛkyɛ

закачалка

adeɛ a wɔde kootu hyɛ so

шапка

ɛkyɛ

вратовръзка

abɔɔmenemu

цип

zip

каска

ɛkyɛ a wɔhyɛ de twi
motosakre

тиранти

bresis

ученическа униформа

sukuu ataadeɛ

униформа

ataadeɛ

лигавник
....
adeɛ a wɔde gu abɔfra kɔn
mu berɛ a wɔredidi

биберон
....
adeɛ a wɔde hyɛ mmɔfra
anumu

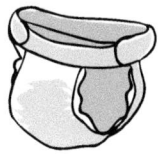

пелена
....
moase tam

сървър
sɛva

шкаф за документи
adaka a yɛde nkrataa hyɛhyɛ mu

принтер
printa

монитор
mɔnita

хартия
krataa

бюро
pono

мишка
mouse

папка
nwoma a wɔde nkrataa hyɛhyɛ mu

клавиатура
keebɔdo

отпадъци
a na ayɛ a wɔde nwura gu mu

стол
akonwa

компютър
komputa

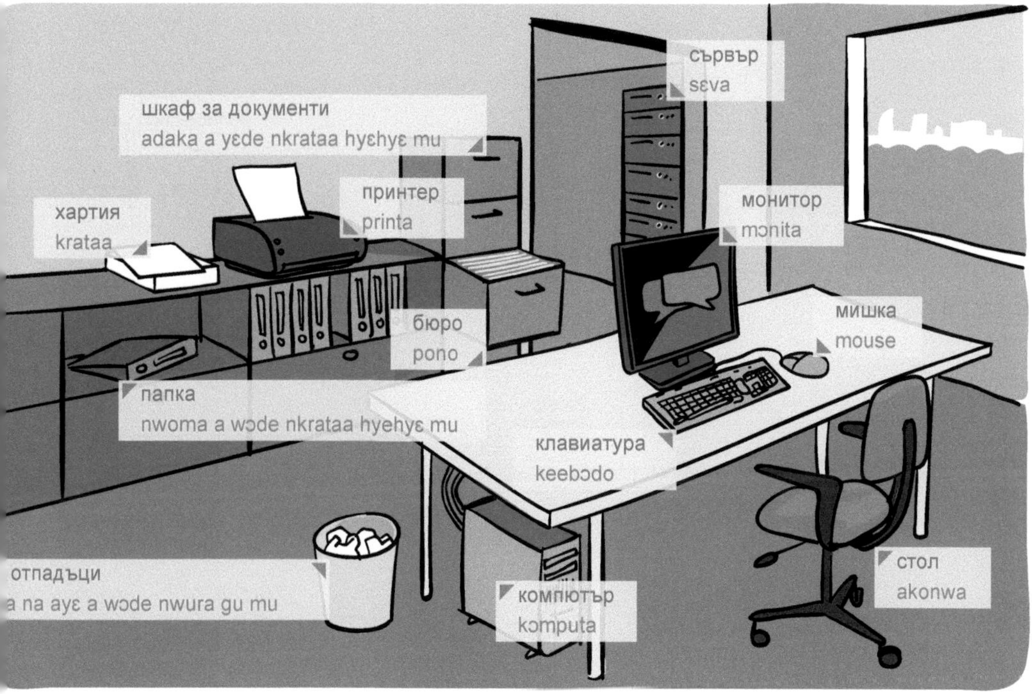

чаша за кафе
....
kɔfe kuruwa

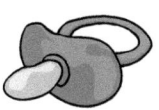

джобен калкулатор
....
afidie a wɔde bu nkonta

интернет
....
intanɛt

лаптоп

laptɔp

писмо

krataa

съобщение

nkratɔɔ

мобилен телефон

mobile

мрежа

nɛtwɛk

ксерокс

fotokɔpia

софтуер

sɔftwɛɛ

телефон

tetefon

контакт

plɔg sɔkɛti

факс

fax afidie

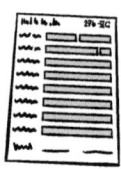

формуляр

krataa

документ

krataa

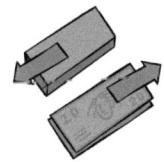

купувам

tɔ

плащам

tua

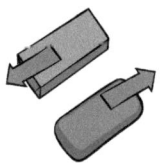

търгувам

tɔn

пари

sika

долар

dollar

евро

euro

йена

yen

рубла

rouble

швейцарски франк

Swiss franc

ренминби юан

renminbi yuan

рупия

rupee

банкомат

sikabea

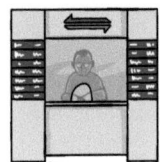

обменно бюро

baabi aa yɛsesa

злато

sikakɔkɔɔ

сребро

dwetɛ

нефт

ngo

енергия

ahoɔden

цена

ne boɔ

договор

nteaseɛ a ɛwɔ krataa so

данък

ɛtoɔ

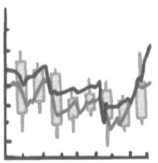

акция

stock

работя

yɛ adwuma

служител

odwumayɛni

работодател

obi a wafa obi adwumamu

фабрика

afidihyehyɛbea

магазин за цветя

ɔbeaɛ a wɔtɔn adeɛ

професии
nnwuma ahodoɔ

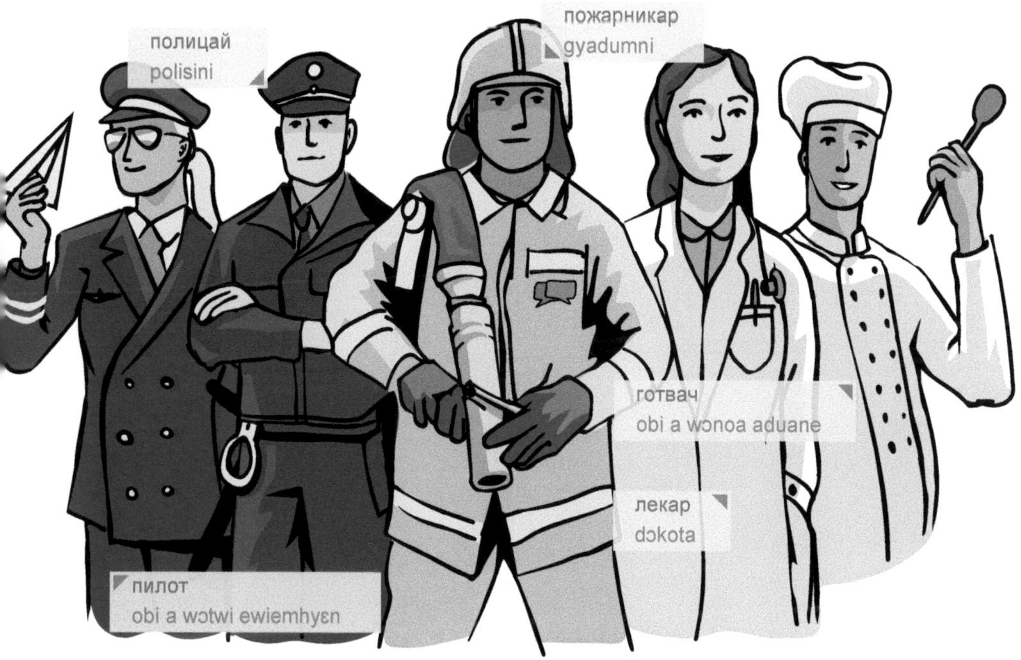

полицай
polisini
пожарникар
gyadumni
готвач
obi a wɔnoa aduane
лекар
dɔkota
пилот
obi a wɔtwi ewiemhyɛn

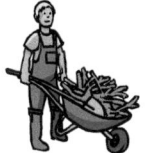

градинар
kuani

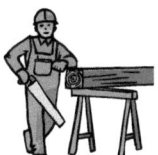

мебелист
nnuaseni

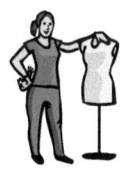

шивачка
ɔbaa a wɔpam adeɛ

съдия
otɛnmuani

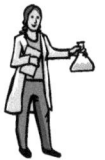

химик
dufrani

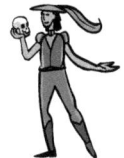

артист
siniyifoɔ

шофьор на автобус

hyɛnkani

шофьор на такси

taxi drɔba

рибар

ɔfarifo

чистачка

ɔbaa wɔpopa beaɛ

майстор на покриви

obi a wɔbɔ dan so

келнер

barima a wɔsom wɔ beaɛ a
wɔtɔn aduane

ловец

ɔbɔmɔfo

художник

obi wɔde akaado keka ɛden
ne nnɔɔma aka ho

хлебар

brodotofo

електротехник

obi a wɔyɛ nkaneɛ ho
adwuma

строителен работник

dansifo

инженер

obi a wɔyɛ mfidie akɛseɛ ho
adwuma

касапин

namtɔnfo

тенекеджия

obi a wɔhyehyɛ drobɛn a
nsuo fa mu

пощальон

obi a wɔde nkrataa a
amanfoɔ atwerɛ soma no

войник

ɔsrani

архитект

obi a wɔyɛ adansie ho adwuma

касиер

obi a wɔhwɛ sika so

цветар

obi a wɔtɔn nhwiren

фризьор

obi a wɔyɛ tire

кондуктор

deɛ wɔgyegye sika wɔ ɛhyɛn mu

механик

obi a wɔsiesie ɛhyɛn

капитан

panin

зъболекар

dɔkota a wɔhwɛ se

научен работник

abodeɛmu nyasapɛni

равин

ɔkyerɛkyerɛni

имàм

imam

монах

monk

свещеник

sofo

инструменти
akadeɛ

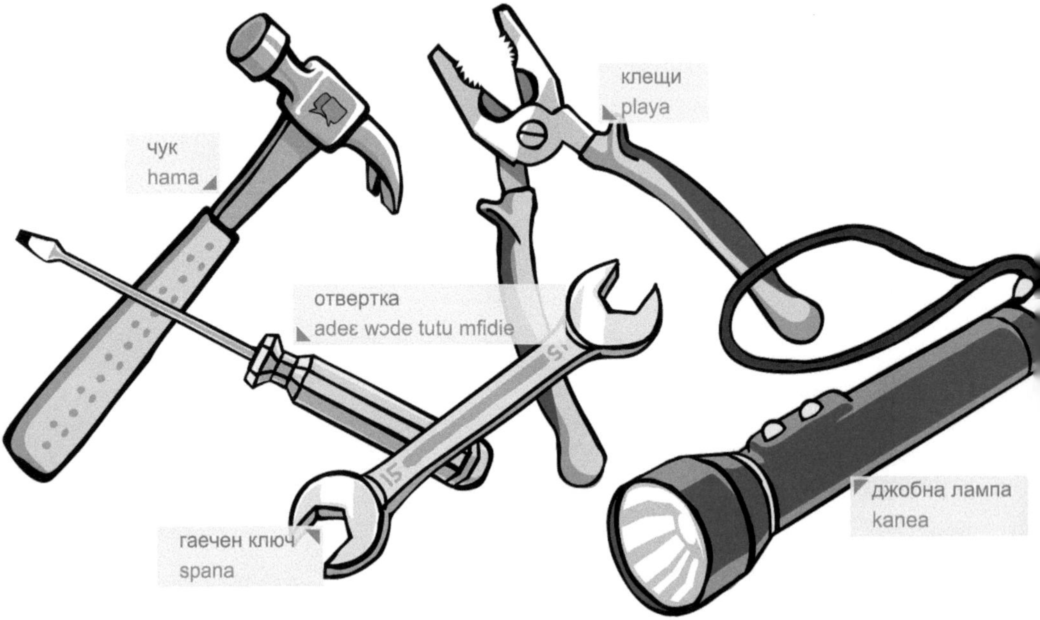
клещи
playa
чук
hama
отвертка
adeɛ wɔde tutu mfidie
джобна лампа
kanea
гаечен ключ
spana

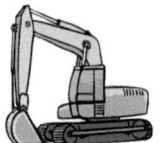

багер

afidie a wɔde tu fam

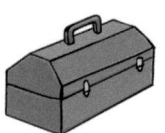

кутия за инструменти

adaka a wɔde nnoɔma a wɔde yɛ adwuma gu mu

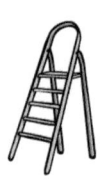

стълба

atwedeɛ

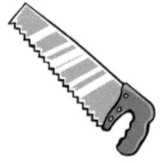

трион

sradaa

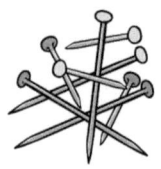

пирони

nnadowa

бормашина

afidie a wɔde mmia nnoɔma mu

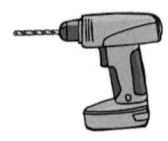

ремонтирам

siesie

лопата

sɔfi

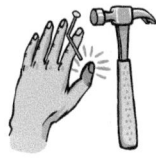

По дяволите!

Yieee!

лопатка за смет

asesa nwura

кутия за боя

akaado kora

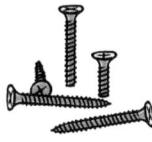

болтове

dadeε wɔde bobɔ nnɔɔma mu

музикални инструменти
mfidie a wɔde bɔ nnwom

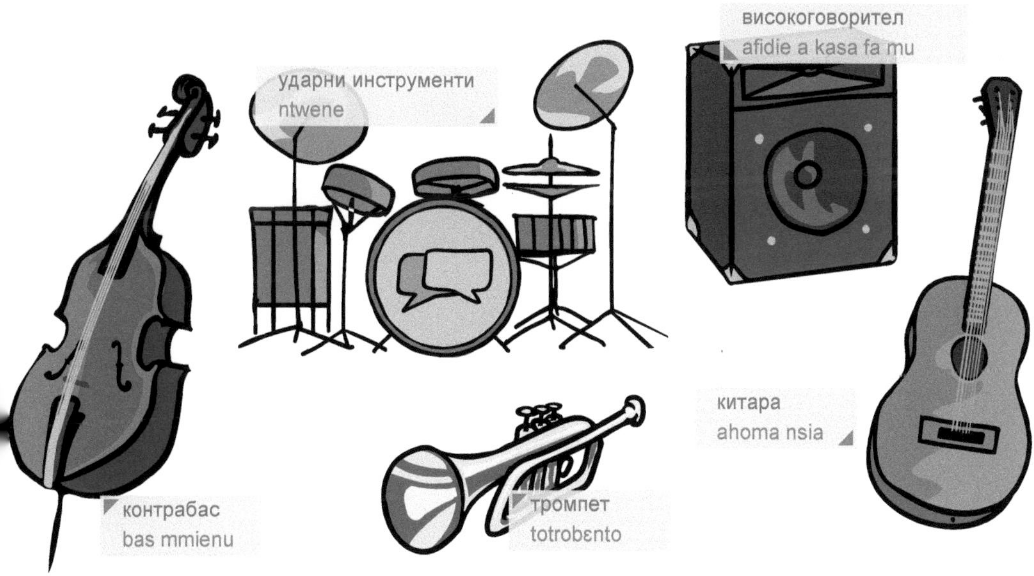

ударни инструменти

ntwene

високоговорител

afidie a kasa fa mu

китара

ahoma nsia

контрабас

bas mmienu

тромпет

totrobεnto

пиано

sankuo

виолина

sankuo

контрабас

ahoma nsia

тимпан

timpani

барабан

ntwene

електрическо пиано

sankuo

саксофон

sasofon

флейта

trobɛnto

микрофон

akasanoma

зоологическа градина

mmoakurabea

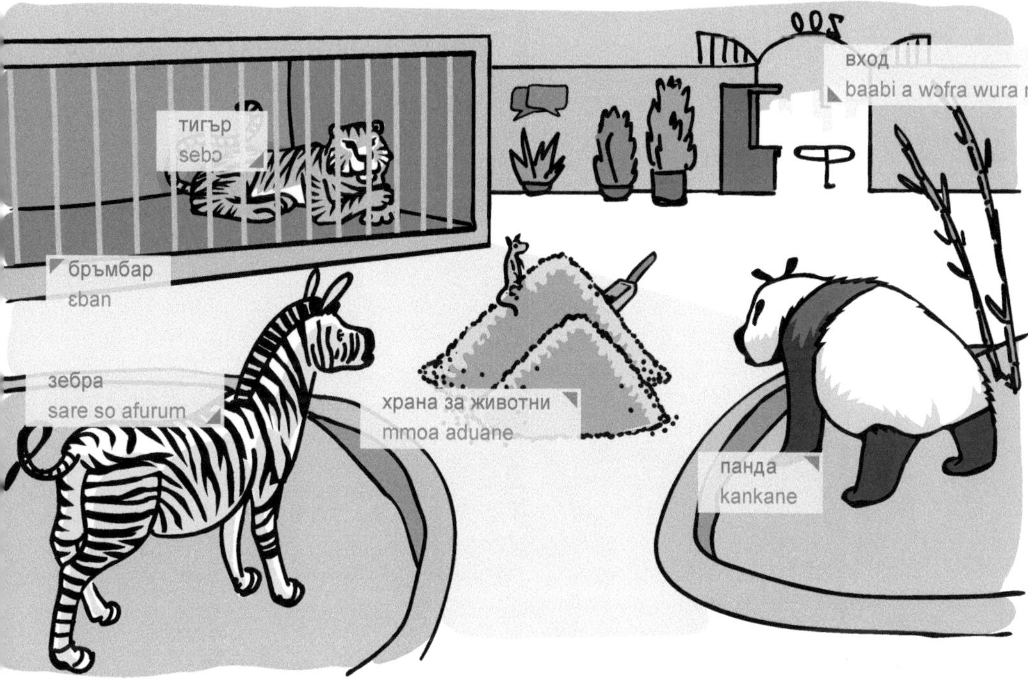
вход
baabi a wɔfra wura m
тигър
sebɔ
бръмбар
ɛban
зебра
sare so afurum
храна за животни
mmoa aduane
панда
kankane

животни

mmoa

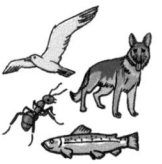

слон

ɔsono

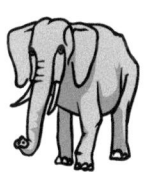

кенгуру

kangaroo

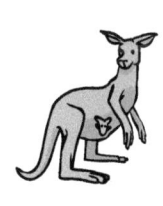

носорог

bɛnkorɔ

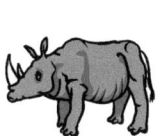

горила

akaatia

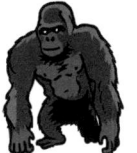

мечка

sisire

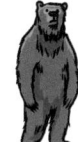

камила

yoma

щраус

sohori

лъв

gyata

маймуна

kontromfi

фламинго

asukɔnkɔn

папагал

ako

бяла мечка

sisire

пингвин

penguin

акула

oboodede

паун

kohaa

змия

ɔwɔ

крокодил

dɛnkyɛm

пазач в зоологическа
градина

mmoasohwɛfo

тюлен

sukraman

ягуар

sebɔ

пони

ponkↄ ketewa

леопард

etwie

хипопотам

susono

жираф

kↄntenten

орел

ↄkↄdeε

диво прасе

kↄkↄte

риба

nsuomunam

костенурка

sudanda

морж

sukraman

лисица

sakraman

газела

adowa

американски футбол
Amerika bɔɔlo

колоездене
dadepɔnkɔ twie akansie

тенис
tɛnɛs

баскетбол
baskɛtbɔɔlo

плуване
nsuo dwareɛ

бокс
akutrukubɔ

хокей на лед
hɔki a wɔbɔ no wɔ asukɔt

футбол
bɔɔlo

бадминтон
badminton

лека атлетика
mmirikatuo

хандбал
nsa bɔɔlo

ски бягане
asukɔtwea so agorɔ

поло
polo

дейности
dwumadie ahodoɔ

скачам
huri
прегръщам
fam
смея се
sre
вървя
nante
пея
to nwom
сънувам
so daeɛ
моля се
bɔ mpaeɛ
целувам
fe ano

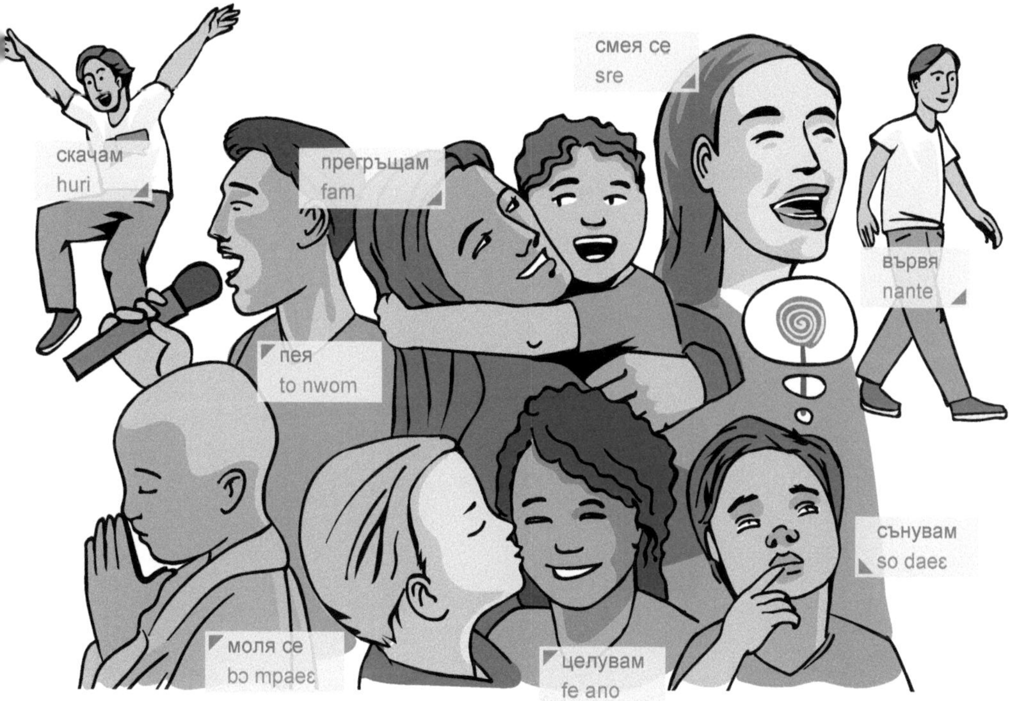

пиша

twerɛ

рисувам

dwidwi

показвам

kyerɛ

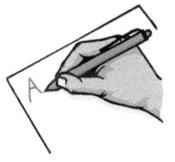

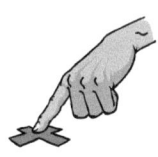

бутам

pia

давам

ma

взимам

fa

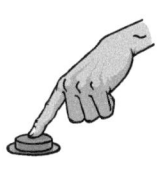

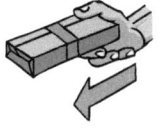

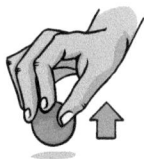

имам

gye

правя

yɛ

съм

yɛ

стоя

gyina

тичам

tu mirika

дърпам

twe

хвърлям

to

падам

tɔ fam

лежа

twa ntorɔ

чакам

twɛn

нося

soa

седя

tena ase

обличам

hyɛ atadeɛ

спя

da

събуждам се

sɔre

разглеждам

hwɛ

плача

su

милвам

fa wo nsa fefa ho

реша се

nunu wotirim

говоря

kasa

разбирам

te aseɛ

питам

bisa

слушам

tie

пия

nom

ям

didi

разтребвам

siesie

обичам

dɔ

готвя

noa

карам автомобил

ka kaa

летя

tu

плавам (с платна)

ka

смятане

bo ho nkonta

чета

kan

уча

sua

работя

yɛ adwuma

женя се

ware

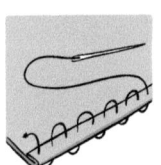

шия

pam

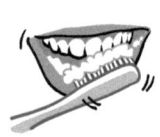

измивам си зъбите

twitwi wo se

убивам

kum

пуша

hye

изпращам

soma

баба
nanabaa

дядо
nana barima

баща
papa

майка
maame

бебе
abɔfra

дъщеря
babaa

син
babarima

посетител

ɔhɔhoɔ

леля

sewaa

чичо

wɔfa

брат

nua barima

сестра

nuabaa

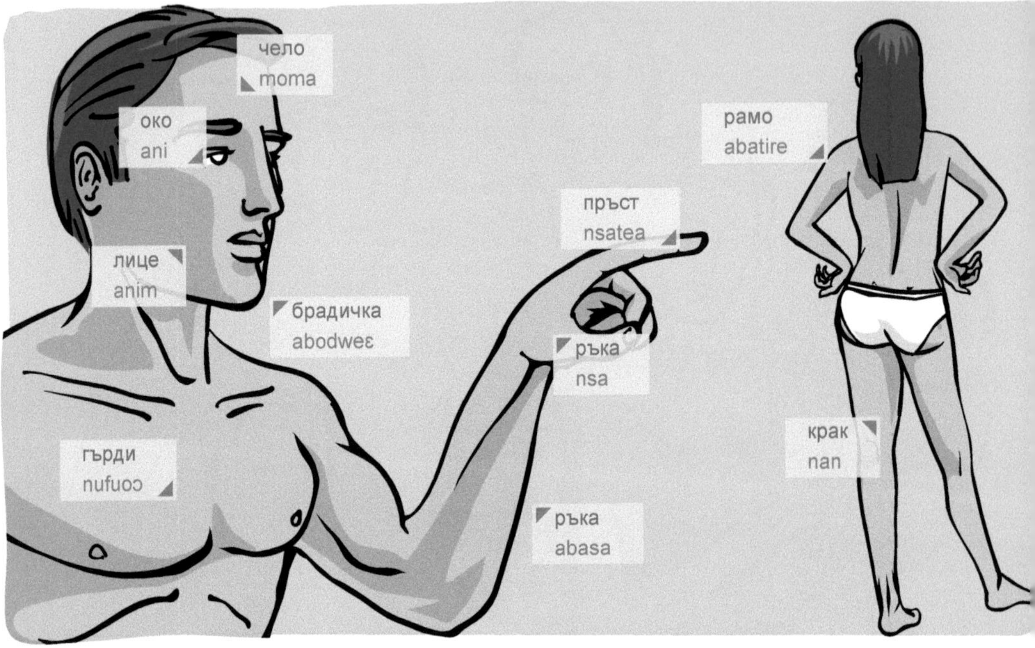

чело
moma

око
ani

рамо
abatire

пръст
nsatea

лице
anim

брадичка
abodwɛ

ръка
nsa

гърди
nufuɔ

крак
nan

ръка
abasa

бебе

abɔfra

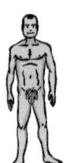

мъж

barima

жена

ɔbaa

момиче

abaayewa

момче

abarimaa

глава

ɛtire

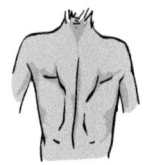

гръб
akyi

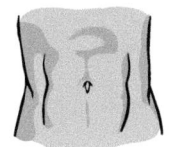

корем
yafunu

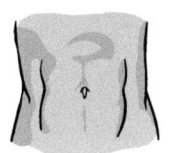

пъп
furuma

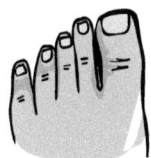

пръст на крака
nansoa

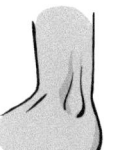

пета
nantini

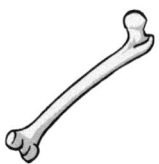

кост
dompe

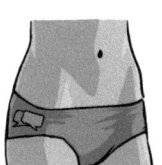

хълбок
sisi

коляно
kotodwe

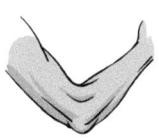

лакът
abatwerɛ

нос
hwene

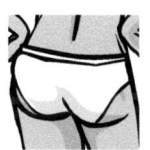

седалище
ɛtoɔ

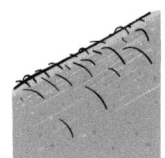

кожа
wedeɛ

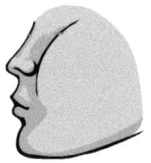

буза
afono

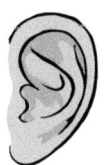

ухо
aso

устна
ano

уста

ano

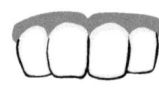

зъб

ɛse

език

tɛkyerɛma

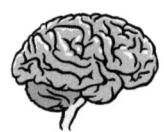

мозък

adwene

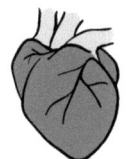

сърце

akoma

мускул

honam

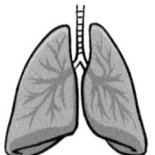

бял дроб

ahrawa

черен дроб

brɛbɔɔ

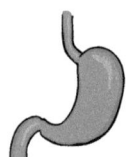

стомах

afuro

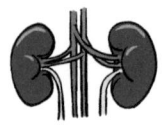

бъбреци

sawa

полово сношение

barima ne ɔbaa nna mu
nhyiamu

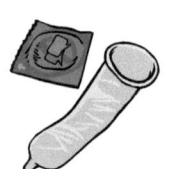

кондом

kɔndɔm

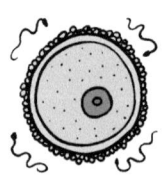

яйцеклетка

nkosua a ɛwɔ ɔbaa mu

сперма

barima ho nsuo

бременност

nyinsɛn

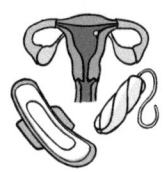

менструация

brayɔ

вагина

ɛtwɛ

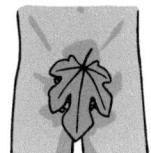

пенис

kɔteɛ

вежда

aniakyi nwii

коса

nwii

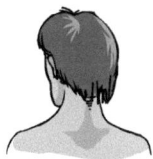

шия

kɔn

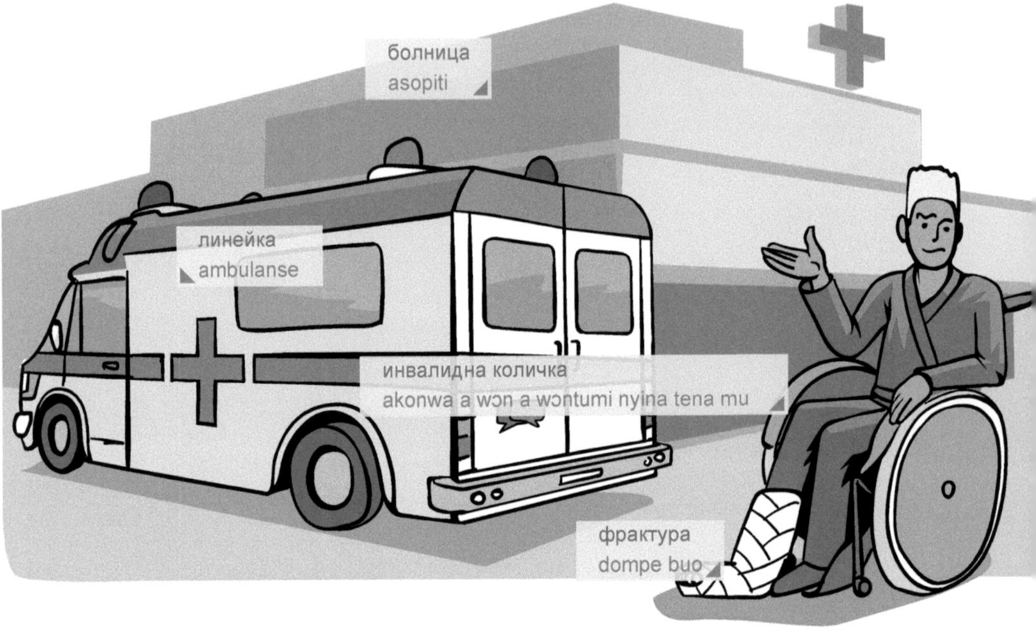

болница
asopiti

линейка
ambulanse

инвалидна количка
akonwa a wɔn a wɔntumi nyina tena mu

фрактура
dompe buo

лекар

dɔkota

спешна хоспитализация

ɛdan a wɔde wɔn a wɔn
apira kɔ mu kɔhwɛ wɔn
ohare so

медицинска сестра

nɛɛse

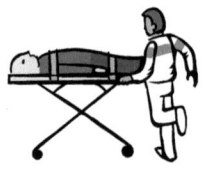

спешен случай

putupru

в безсъзнание

fenti

болка

yaw

нараняване

pira

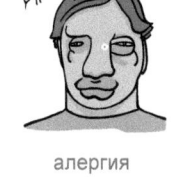

кървене

mogyatuo

инфаркт

akoma yareɛ

инсулт

nwodwoɔ yareɛ

алергия

adeɛ wo honam mpɛ

кашлица

ɛwa

температура

ahoɔhyeɛ

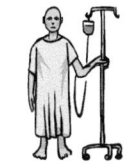

грип

papu

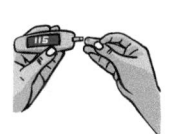

диария

ayɛmhwie

главоболие

tiripayɛ

рак

kokoram

диабет

asikyire yareɛ

хирург

dɔkotani wɔpaepae obi sa
no yareɛ

скалпел

sekamma

операция

repaepae obi ho asa no
yareɛ

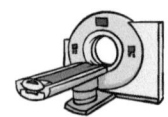

компютърна томография

CT

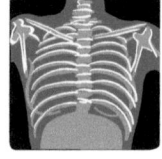

рентген

x-ray

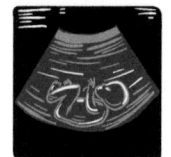

ултразвук

mfonin a wɔtwa de hwɛ awodeɛ mu

маска

anim nkatadeɛ

болест

yareɛ

чакалня

dan aa yɛtwɛn wɔ mu

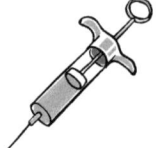

патерица

klɔkye

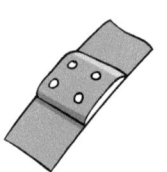

пластир

plasta

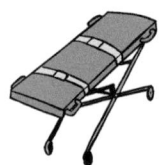

превръзка

bandege

инжекция

paneɛ

стетоскоп

afidie a wɔde tie dede wɔ nnipa ho

носилка

mpa

термометър

afidie wɔde hwɛ ahoɔhyeɛ

раждане

awoɔ

наднормено тегло

kɛseyɛ mmorosoɔ

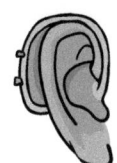

слухов апарат

afidie a ɛboa ma obi te
asɛm yie

дезинфекционно средство

aduro a wɔde ko tia
yaremmoa bateria

инфекция

yareɛ nsaeɛ

вирус

yaremmoawa

HIV / AIDS

HIV / AIDS

медицина

aduro

ваксинация

nsianoaduru paneɛwɔ

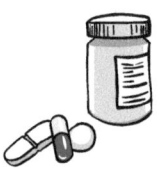

таблети

nnuro a wɔmene

противозачатъчна
таблетка
aduro a wɔmene

спешно телефонно
обаждане
putupru frɛ

апарат за измерване на
кръвното налягане

afidie a wɔde hwɛ sɛdeɛ
mogya di aforosane

болен / здрав

yareɛ / ahuɔden

Помощ!

Boa me!

сигнал за тревога

alam

нападение

repira obi

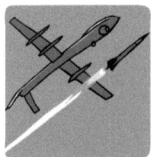

атака

to hyɛ biribi so

опасност

amanɛɛ

авариен изход

kwan a wɔfa so pue berɛ
asɛm asi putupuru

Пожар!

Egya!

пожарогасител

adeɛ a wɔde dum gya

злополука

akwanhyia

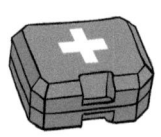

комплект за оказване на
първа помощ

mmoa a edikan akadeɛ

SOS

SOS

полиция

polisi

Европа

Europe

Северна Америка

North America

Южна Америка

South America

Африка

Afriɔa

Азия

Asia

Австралия

Australia

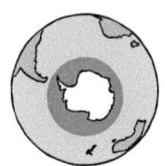

Атлантически океан

Atlantic

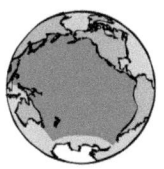

Тихи океан

Pacific

Индийски океан

Indian Ocean

Южен ледовит океан

Antartic Ocean

Северен ледовит океан

Arctic Ocean

Северен полюс

North Pole

Южен полюс

South Pole

Антарктида

Atartica

Земя

Ewiase

суша

asaase

море

ɛpo

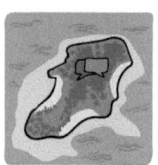

остров

ɛpoano

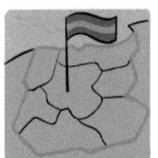

нация

ɔman

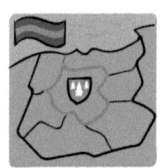

държава

ɔman

циферблат

mmɛrɛ kyerɛfoɔ no anim

стрелка на часовете

dɔnhwere nsa

стрелка на минутите

sima nsa

стрелка на секундите

anitɛtɛ nsa

Колко е часът?

Abɔ sɛn?

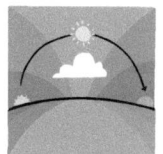

ден

da

време

mmɛrɛ

сега

seisei ara

дигитален часовник

abɛɛfo mmɛrɛ kyerɛfoɔ

минута

sima

час

dɔnhwere

седмица

nnawɔtwe

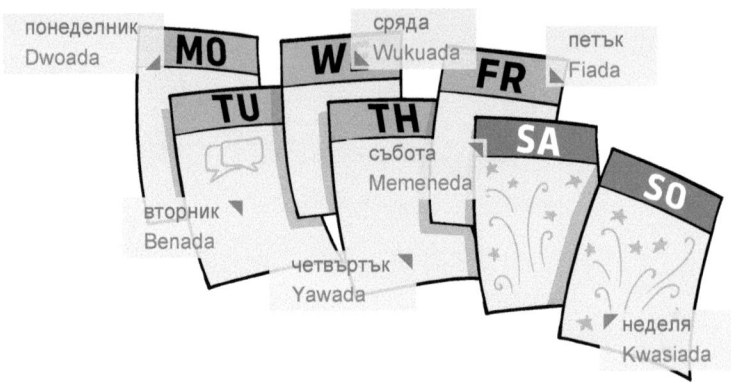

понеделник
Dwoada

MO

W сряда
Wukuada

петък
Fiada

TU

TH

FR

SA

вторник
Benada

събота
Memeneda

SO

четвъртък
Yawada

неделя
Kwasiada

вчера
....
ɛnora

днес
....
nnɛ

утре
....
ɔkyena

сутрин
....
anɔpa

обед
....
awia

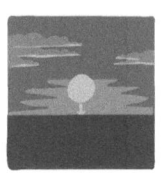

вечер
....
anwummerɛ

MO	TU	WE	TH	FR	SA	SU
1	2	3	4	5	6	7
8	9	10	11	12	13	14
15	16	17	18	19	20	21
22	23	24	25	26	27	28
29	30	31	1	2	3	4

работни дни
....
adwuma nna

MO	TU	WE	TH	FR	SA	SU
1	2	3	4	5	6	7
8	9	10	11	12	13	14
15	16	17	18	19	20	21
22	23	24	25	26	27	28
29	30	31	1	2	3	4

уикенд
....
nnawɔtwe awieɛ

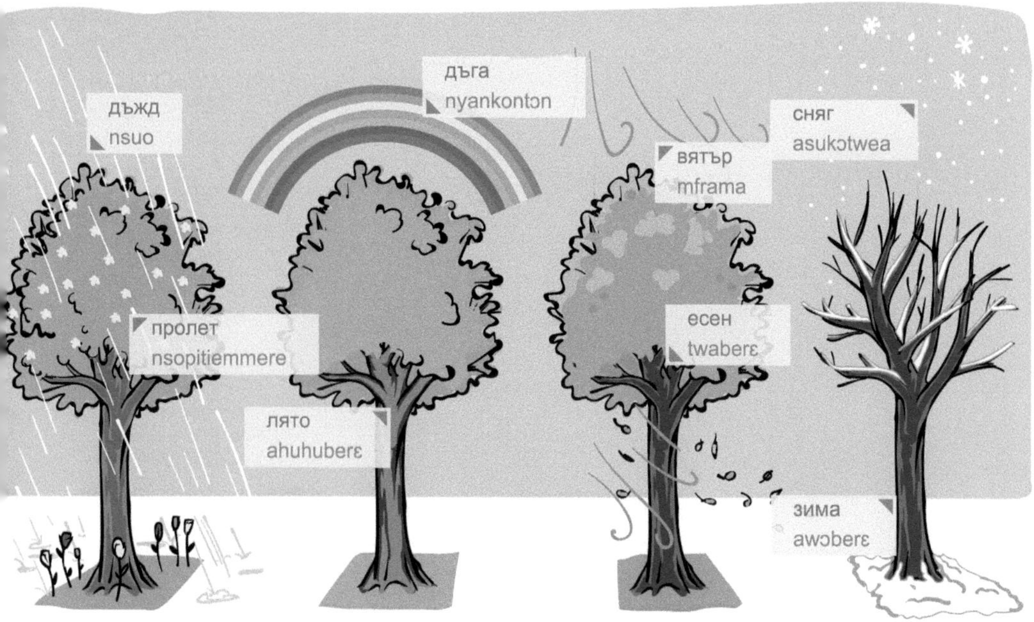

дъжд
nsuo
дъга
nyankontɔn
сняг
asukɔtwea
вятър
mframa
пролет
nsopitiemmere
есен
twaberɛ
лято
ahuhuberɛ
зима
awɔberɛ

4.APRIL 11°
5.APRIL 4°
6.APRIL 13°
7.APRIL 8°
8.APRIL 10°

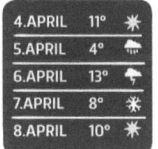

прогноза за времето

ewiemu nsesaeɛ

F C
120 40
90 30
60 20
30 10
0 0
-30 -10
-20

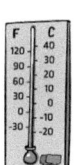

термометър

afidie a wɔde hwɛ ahoɔhyeɛ

слънчева светлина

awiabɔ

облак

munumkum

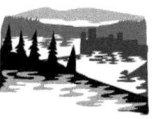

мъгла

ɛbɔ

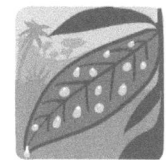

влажност на въздуха

nsuo a ɛwɔ mframa mu

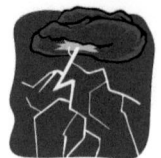

светкавица

ayerɛmo

гръмотевица

agradaa

буря

nsuden ne mframa

градушка

sukɔtwea

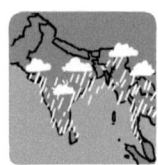

мусон

mframa a ɛde nsuo ba

наводнение

nsuyiri

лед

asukɔtwea

януари

ɔpɛpɔn

февруари

ɔgyefoɔ

март

ɔbɛnem

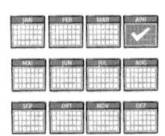

април

Oforisuo

май

Kotonimaa

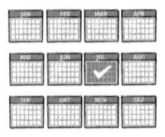

юни

Ayɛwohumumɔ

юли

Kitawonsa

август

ɔsanaa

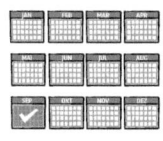

септември

εbɔ

октомври

Ahinime

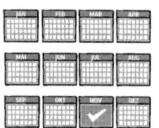

ноември

Obubuo

декември

ɔpɛnimaa

кръг

kanko

квадрат

ahenanan

четириъгълник

fasene

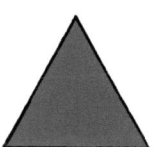

триъгълник

ahinasa

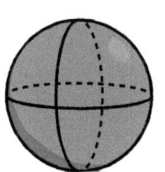

сфера

kanko

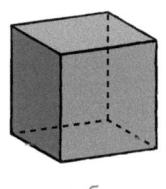

куб

ahenanan

бял

fitaa

жълт

akokɔsradeɛ

оранжев

akokɔsradeɛ

розов

memen

червен

kɔkɔɔ

лилав

beredum

син

bibire

зелен

ahabanmono

кафяв

dodoeɛ

сив

nson

черен

tuntum

много / малко

bebree / ketewa

ядосан / спокоен

abufuo / brɛo

красив / грозен

fɛfɛɛfɛ / tantantan

начало / край

ahyɛaseɛ / awieɛ

голям / малък

kɛseɛ / ketewa

светъл / тъмен

ɛhyerɛ / ɛdum

брат / сестра

nua barima / nuabaa

чист / мръсен

ɛho te / ɛfi

пълен / непълен

wawie / onwieeyɛ

ден / нощ

anopa / anadwo

мъртъв / жив

wawu / ɔtease

широк / тесен

emu bue/emu mmueɛ

ядлив / неядлив

yetumi di / yentumi nni

сърдит / любезен

bɔne / papa

развълнуван / скучаещ

anigyeɛ / w'ani nka

дебел / тънък

kɛseɛ / hwea

най-напред / най-накрая

di kan / ka akyi

приятел / враг

adanfo / atanfo

пълен / празен

ayɛ ma / hwee nnimu

твърд / мек

dendenden / mrɛmrɛmrɛ

тежък / лек

emu ye duru / emu yɛ ha

глад / жажда

ɛkɔm / nsukɔm

болен / здрав

yareɛ / ahuɔden

нелегален / легален

ɛnfa mmrakwanso /
mmrakwanso

интелигентен / глупав

nimdifo / gyimifo

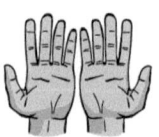

ляво / дясно

benkum / nifa

близо / далече

ɛbɛn / ɛmu ware

нов / употребяван

totoro / dada

нищо / нещо

ɛnyɛ hwee / biribi

стар / млад

panyin / abɔfra

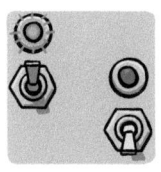

вкл. / изкл.

sɔ / dum

отворен / затворен

bue / yatom

тих / силен (звук)

dinn / dede

богат / беден

sikani / ohiani

правилен / погрешен

papa / bone

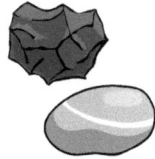

грапав / гладък

wewerɛwewerɛ / tromtrom

тъжен / щастлив

awerehoɔ / anigye

дълъг / къс

tiatia / tentene

бавен / бърз

brɛoo / ntɛm

мокър / сух

afɔ / awo

топъл / студен

ɛyɛ hye / adwo

война / мир

ntɔkwa / asomdwoe

0

нула

ohunu

1

едно

baako

2

две

mmienu

3

три

mmiensa

4

четири

nan

5

пет

num

6

шест

nsia

7

седем

nson

8

осем

nwɔtwe

9

девет

nkron

10

десет

du

11

единадесет

du-baako

12

дванадесет

du-mmienu

13

тринадесет

du-mmiensa

14

четиринадесет

du-nan

15

петнадесет

du-num

16

шестнадесет

du-nsia

17

седемнадесет

du-nson

18

осемнадесет

du-nwɔtwe

19

деветнадесет

du-nkron

20

двадесет

aduonu

100

сто

ɔha

1.000

хиляда

apem

1.000.000

милион

ɔpepe

английски

Brofo kasa

американски английски

Amerika Brɔfo

китайски мандарин

Chinese Mandarin

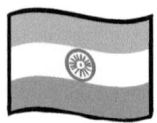

хинди

Hindi

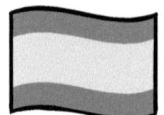

испански

Spanish

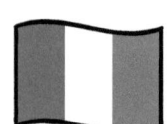

френски

French

арабски

Arabic

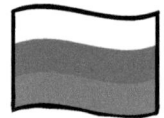

руски

Russian

португалски

Portuguese

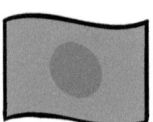

бенгалски

Bengali

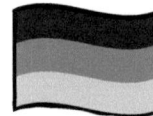

немски

German

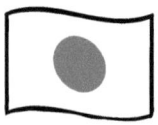

японски

Japanese

аз

me

ти

wo

той / тя / то

ɔnɔ

ние

yɛn

вие

wo

те

wɔn

кой?

hwan?

какво?

aden?

как?

sɛn?

къде?

ɛhefa?

кога?

dabɛn?

име

din

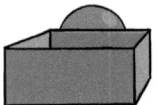

зад

n'akyi

в

ɛmu

пред

wɔ n'anim

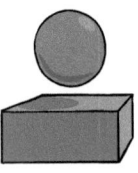

над

soro

върху

so

под

aseɛ

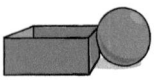

до

nkyene

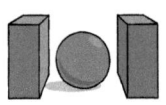

между

ntam

място

fa hyɛ